LANDSCHAFT SCHMECKT

Nachhaltig kochen mit Kindern

Sarah Wiener Stiftung
Texte von Stephanie Lehmann, Kerstin Ahrens, Meike Rathgeber

BELTZ

INHALT

WORAN DENKEN SIE, WENN SIE HÖREN: »LANDSCHAFT SCHMECKT«?

An einen knackigen Apfel frisch vom Baum? An kleine süße Walderdbeeren? An Walnussbäume? Eine kühle Bergquelle? An Salat? Wogende Ähren auf einem Getreidefeld?

Aus der Arbeit mit meiner Stiftung weiß ich, dass die Zusammenhänge zwischen der Natur und dem, was wir essen, vielen Kindern heutzutage nicht mehr geläufig sind. Bei Fahrten zu Biobauernhöfen, die die Stiftung organisiert, wird vielen Kindern erstmals bewusst, dass Pommes frites aus Kartoffeln hergestellt werden, die auf dem Feld wachsen. Oder dass die Panade von Fischstäbchen nicht die Haut des Fisches ist. Bei diesen Ausflügen erleben die Kinder aus erster Hand, dass die Natur uns nährt. Sie dürfen das aktiv erfahren, indem sie zum Beispiel beim Pflanzen oder Ernten helfen, Bratwürste herstellen, beim Melken oder Imkern selbst Hand anlegen. Aus den Rückmeldungen der betreuenden Pädagoginnen und Pädagogen wissen wir, dass diese Erlebnisse für die Kinder in den meisten Fällen sehr eindrücklich sind und sie das so Gelernte nicht nur behalten, sondern auch in ihren Alltag mitnehmen. Zum Beispiel in die Kochkurse, die an ihrer Schule nach dem Konzept der Sarah Wiener Stiftung durchgeführt werden, oder auch darüber hinaus nach Hause in die elterliche Küche.

Unsere Erfahrungen und die unserer Genussbotschafterinnen und -botschafter aus dem Projekt »Landschaft schmeckt« und der weiteren Stiftungsarbeit haben wir nun in diesem Buch gesammelt. Wir wollen Pädagoginnen und Pädagogen, Eltern und allen, die mit Kindern zu tun haben, Lust darauf machen, mit Kindern zu kochen und spielend die Zusammenhänge zwischen Umwelt und Nahrung zu entdecken.

Als Tipp möchte ich Ihnen deshalb dieses Zitat von Michael Pollan ans Herz legen: »Essen Sie nah am Ursprung: Je kürzer die Nahrungskette, desto gesünder wird das Essen sein. Wir zählen Kalorien und fixieren uns auf Nährstoffe, aber der allerbeste Gradmesser für ein gesundes Essen ist das Maß seiner Verarbeitung: die Zahl der Verarbeitungsschritte und die Dauer der Zeit, die zwischen Feld und Gabel liegt.«

Abschließend geht ein besonderer Dank an meine Stiftungsmitarbeiterin Stephanie Lehmann. Sie hat dieses tolle Buch konzeptioniert und war neben Kerstin Ahrens und Meike Rathgeber die federführende Autorin.

Ihre Sarah Wiener

SELBSTBESTIMMT UND VERANTWORTUNGSVOLL HANDELN

In den Förderrichtlinien der Deutschen Bundesstiftung Umwelt ist das Leitbild der nachhaltigen Entwicklung fest verankert. Nachhaltigkeit bedeutet für mich persönlich, dass jede Generation nur so viel verbrauchen sollte, wie sie selber wieder unter Nutzung natürlicher Ressourcen produzieren kann, ohne dabei die dauerhafte Leistungsfähigkeit der Biosphäre zu mindern. Insbesondere in unserer Ernährungsweise ist dieser Grundsatz gut zu veranschaulichen. Nur wenn wir säen, können wir die Ernte einholen, um aus Getreide Brot zu backen. Wenn wir allerdings Raubbau an den Böden betreiben, verlieren wir diese Lebensgrundlage. Leider ist auch im Bereich der Nutzpflanzen die biologische Vielfalt bedroht, weil auf einem Großteil der Felder die gleichen Feldfrüchte angebaut werden – hier bedarf es eines selbstbestimmten verantwortungsvoll konsumierenden Verbrauchers, der durch seine Kaufentscheidung den Bauern einen Anreiz gibt, selten gewordene Sorten, soweit möglich, lokal wieder anzubauen.

Kochen in der Gruppe ist für Kinder nicht nur ein großartiges Gruppenerlebnis, sondern bietet mit einer entsprechenden ernährungspädagogischen Begleitung die Chance, die komplexen Zusammenhänge zwischen Ernährung , Schonung der natürlichen Ressourcen und Bewahrung der Vielfalt der Nutzpflanzen genussvoll und anschaulich zu vermitteln.

Das gemeinsame Projekt »Landschaft schmeckt« der Sarah Wiener Stiftung und der Deutschen Bundesstiftung Umwelt hat die drei Themenfelder Bewahrung der biologischen Vielfalt, nachhaltiger Konsum und gesunde Ernährung erfolgreich zusammengeführt. An bundesweit 60 Fachschulen für Erzieher sowie an rund 80 Kindertagesstätten sind die Inhalte bereits vermittelt worden. Nicht ohne Grund ist das Projekt von der Deutschen UNESCO-Kommission als Projekt der Weltdekade der Vereinten Nationen »Bildung für nachhaltige Entwicklung« ausgezeichnet worden.

Ich freue mich, dass dieses Buch von Erziehern und Pädagoginnen in der täglichen Arbeit in Kindertagesstätten oder in Schulen ebenso genutzt wird wie von Eltern oder Großeltern, die mit ihren Kindern oder Enkeln gemeinsam kulinarische Genussstunden erleben wollen. Darüber hinaus bietet es reichhaltige Beispiele, den eigenen, täglichen Konsum zu überdenken und nachhaltiger auszurichten. Dabei ist die zentrale Botschaft dieses Buches, dass Nachhaltigkeit, die Bewahrung der biologischen Vielfalt, die Verantwortung für unsere Biosphäre sowie Genuss und Lebensfreude einander nicht ausschließen, sondern im Gegenteil, einander bedingen.

Ich wünsche allen großen wie kleinen Lesern viel Spaß und gutes Gelingen am Herd und Backofen!

Dr. Heinrich Bottermann, Generalsekretär Deutsche Bundesstiftung Umwelt

WARUM WIR UNS DEM THEMA NACHHALTIGKEIT WIDMEN

Viele Menschen wissen nicht mehr, wie man mit frischen Lebensmitteln kocht und woher diese Lebensmittel stammen. Diese Unwissenheit vererbt sich mittlerweile: Was die Eltern nicht mehr wissen, kann nicht an die Kinder weitergegeben werden. Das bedeutet, dass Kinder nicht mehr in der Lage sind, sich selbstbestimmt zu ernähren. Wir wollen, dass Kinder und deren Eltern wieder wissen, dass Kartoffelbrei aus Kartoffeln gemacht wird und nicht aus der Packung kommt!

Seit ihrer Gründung 2007 bildet die Sarah Wiener Stiftung (SWS) Lehrerinnen und Erzieher weiter, die anschließend mit Kindern kochen. Durch die von der Stiftung entwickelten Koch- und Ernährungskurse lernen Kinder, wie man sich gesund und selbstbestimmt ernährt. Schwerpunkte sind der Umgang mit unverarbeiteten Lebensmitteln sowie eine möglichst saisonal, regional und biologisch ausgerichtete Küche. Zudem fahren unsere »Kochkurs-Kinder« einen Tag auf einen Biobauernhof. In den letzten Jahren haben wir rund 400 Fahrten für etwa 10.000 Kinder organisiert und finanziert.

Der Erfolg der Sarah Wiener Stiftung basiert auf der engagierten Arbeit unserer SWS-Botschafterinnen und Botschafter in den mittlerweile rund 600 Partnereinrichtungen in Deutschland und Österreich. Das sind Pädagoginnen und Sozialarbeiter, die die Kochkurse durchführen und ihren Beitrag zur Verbesserung der Ernährungssituation leisten. Im Gespräch mit ihnen erfahren wir wiederum viel über die Ernährungssituation von Kindern und ihren Eltern, so erzählt eine Lehrerin: »Wir hatten Kartoffelbrei selbst gemacht und die Kinder waren begeistert: ›So einen guten Kartoffelbrei habe ich noch nie gegessen.‹ Am nächsten Tag kam eine junge Mutter in meine Klasse, um mich um das Rezept zu bitten. Sie wusste wirklich nicht, wie man einen Kartoffelbrei macht. Diese Mutter hat mit ihrem Kind alle Rezepte zu Hause nachgekocht und dies war ihr Einstieg in die Welt des Kochens.« Dies ist nur eines von vielen Beispielen, das die Notwendigkeit unseres Vorhabens bestätigt.

Gemeinsames Kochen ist auch ein Gemeinschaftserlebnis. »Vonseiten der Eltern kamen sehr viele Rückmeldungen, dass die Kinder zu Hause vermehrt bei der Zubereitung von Essen helfen (am liebsten die »eigenen« Rezepte aus ihrem Kochkurs). Bei Schulfesten haben wir wie professionelle Caterer die Schwarz-Weiß-Schnitte und die Piratenspieße zubereitet und serviert – die Kinder platzten vor Stolz über die durchweg positiven Rückmeldungen«, berichtet eine andere Botschafterin.

Im Laufe unserer Arbeit haben wir Stiftungsmitarbeiter zwei Lücken erkannt: Wir benötigen bessere Materialien, Spiele wie Experimente, damit Kinder die Zusammenhänge zwischen der eigenen Ernährung und die Auswirkungen auf Menschen, Tiere und Umwelt verstehen. Außerdem stellten wir fest, dass junge Erzieherinnen oftmals nur über rudimentäre Kenntnisse im Bereich der Ernährungsbildung verfügen. Das war der Ausgangspunkt für das Kooperationsprojekt »Landschaft schmeckt« zwischen der Sarah Wiener Stiftung und der Deutschen Bundesstiftung Umwelt. Kern dieses Projektes ist die Verankerung des Koch- und Ernährungskonzeptes in der Ausbildung von ErzieherInnen. Dieses Buch macht diese Inhalte nun einem breiteren Publikum zugänglich.

Sarah Wiener Stiftung

Daniel Mouratidis, Geschäftsführer der Sarah Wiener Stiftung

EINLEITUNG

WAS BEDEUTET EIGENTLICH NACHHALTIGKEIT?

Nachhaltigkeit ist eines der zentralen Themen der Sarah Wiener Stiftung. Oft wird der Begriff mit »Dauerhaftigkeit« oder mit »Zukunftsfähigkeit« übersetzt. Tatsächlich handelt es sich aber um einen Begriff aus der Forstwirtschaft, der beschreibt, dass nur so viele Bäume zu schlagen sind, wie auch nachwachsen können. Das klingt erst einmal einfach und nicht besonders wichtig für unsere Ernährung. Es ist aber komplizierter! Beim nachhaltigen Wirtschaften geht es darum, die natürlichen Lebensgrundlagen für jetzige und folgende Generationen hier und anderswo in der Welt zu bewahren und einen Beitrag zur sozialen Gerechtigkeit und kulturellen Vielfalt zu leisten. Das Leitbild der Nachhaltigen Entwicklung benennt dafür drei Dimensionen: Wirtschaft (Ökonomie), Umwelt (Ökologie) und Gesellschaft (Soziales). Nur wenn wir alle drei Dimensionen berücksichtigen, kann Wirtschaften nachhaltig und somit zukunftsfähig werden.

Wir wissen kaum noch, woher die Dinge um uns herum kommen. Überlegen Sie einmal, was Sie heute gefrühstückt haben und auf welchem Weg die Nahrungsmittel zu Ihnen gekommen sind. Vielleicht greifen Sie sich eine Sache heraus, beispielsweise den Kaffee. Wenn wir alles rund um die Tasse Kaffee bedenken, merken wir schnell, wie komplex unsere Welt ist. Der Kaffee wurde gekocht. Dazu brauchen Sie Kaffeepulver und heißes Wasser, aber auch sauberes Geschirr. Das heiße Wasser wurde in einem Wasserkocher erhitzt, der Strom braucht. Der Strom kommt vielleicht aus einem Heizkraftwerk, in dem Kohle verbrannt wird, die Kohle kommt aus… Das Wasser kommt aus dem Wasserwerk – aber woher bekommt das Wasserwerk das Wasser? Der Kaffee wiederum kommt aus einer Hamburger Rösterei, die Packung

wurde… Wenn Sie sich nun auch noch überlegen, wer alles dafür an welchen Stellen gearbeitet hat, wird es noch interessanter. Wenn wir alles bis zu Ende denken, merken wir, wie viele Bezüge zwischen unserem Kaffee und der nahen und fernen Welt bestehen. Unsere Ernährung hat Auswirkungen auf unsere Umwelt und auf die Lebensbedingungen von Menschen und Tieren, hier und anderswo. Wir können an vielen Stellen durch Konsumentscheidungen Einfluss nehmen, an manchen Stellen aber nicht.

Mit diesem Buch möchten wir einen Beitrag dazu leisten, in einer globalisierten Welt handlungsfähig zu werden und zu bleiben. Wir möchten Lust machen auf die Auseinandersetzung mit unserem täglichen Brot und allem, was dazugehört. Darüber hinaus handelt es sich hier um ein Buch für Menschen, die mit Kindern zu tun haben. Bildung für nachhaltige Entwicklung möchte Menschen jeden Alters ansprechen und sie zum Nachdenken bewegen. Grundlagen sind Partizipation und demokratische Bildungsansätze, Naturerfahrung und Umweltbildung sowie globales Lernen und Diversität. Wir möchten keine Anweisungen für »richtiges« Verhalten geben, sondern anregen, das eigene Vorgehen zu reflektieren und mit anderen gemeinsam neue Wege zu finden.

NACHHALTIG KOCHEN MIT KINDERN

Viel Wissen, über Jahrtausende gewachsene Erfahrung und Überlebenstechniken, die wir bis heute anwenden, verbinden uns mit unserer Herkunft und geben uns Bodenhaftung. Um Ressourcen zu schonen und unsere Lebensgrundlage zu schützen, müssen wir diese kennen. Auch eine gesunde Ernährung lässt sich nur umsetzen, wenn man etwas darüber

weiß und selbstbestimmt handeln kann. Deshalb ist es so wichtig, Erfahrungen und Fertigkeiten an Kinder weiterzugeben. Als aufgeklärte Esser können diese Kinder in ihrem weiteren Leben gesunde Erwachsene werden, die verantwortungsvoll mit ihrer Umwelt umgehen. Menschen, die kochen und bewusst einkaufen, verhalten sich schon nachhaltig, denn »Selbstkocher« können mit einer besseren CO_2- und Energiebilanz aufwarten.

Die nachhaltige Küche setzt sich zum Ziel, immer alle Bestandteile eines Lebensmittels zu verwerten. Wer ressourcenschonend kochen will, sollte in der Lage sein, aus restlichen oder spontan geernteten Lebensmitteln etwas Sinnvolles zu zaubern. Ebenso nachhaltig ist es, bestimmte Lebensmittel, wie beispielsweise Joghurt oder Brot, selbst herzustellen. Dahinter stecken meist auch alte Küchentechniken, die wir den Kindern vermitteln wollen. Der entscheidende Punkt beim nachhaltigen Kochen sind aber der Einkauf und

die Art des Konsums: Hier hilft der Leitsatz von Sarah Wiener und unserer Stiftungsarbeit: Esst Lebensmittel!

Unter einem Lebensmittel verstehen wir ein lebendiges und organisches Produkt, das reift und verdirbt, also selbst Lebensenergie besitzt. Zum anderen bedeutet es, dass das Lebensmittel selbst Leben spenden soll, also den Esser mit Nährstoffen und guter Energie versorgt. Zudem sollten diese Produkte auch das Leben in seiner Umwelt schonen. Oft erkennen Sie Lebensmittel am Verarbeitungsgrad oder einfach an der Zutatenliste auf den Verpackungen. Je weniger verarbeitet und je weniger Zutaten dafür gebraucht wurden, desto lebendiger ist das Nahrungsmittel.

Vernünftige Ernährung für Kinder ist eigentlich ganz einfach, so Sarah Wiener: »Vernünftiges Essen bedeutet für mich vor allem, überhaupt zu wissen, was ich esse. Zum Beispiel indem ich meine Mahlzeiten selbst zubereite und mich nicht blind auf Fertignahrung verlasse. Weiter gedacht heißt ›vernünftig essen‹, auch im Blick zu haben, welche Auswirkungen mein Essverhalten auf die (Um-) Welt hat. Das muss auch alles gar nicht lustfeindlich sein. Pizza oder Schokolade sind ab und an vollkommen okay. Und Pizza kann man auch prima mit Kindern zusammen selbst machen.«

FÜR GESUNDE KINDER UND WAS VERNÜNFTIGES ZU ESSEN

Nachhaltiges Kochen und die Beschäftigung mit Lebensmitteln bieten Kindern eine multisensorische Erfahrungsplattform, die kaum zu überbieten ist. Kochen und Ernährung können den Alltag mit Kindern nicht nur um leckeres Essen, sondern besonders um eine spannende, lehrreiche, kreative und spaßige Erfahrung bereichern. Das kann sehr unterschiedliche Formen annehmen. Mit diesem Buch sind Sie für alle Varianten gerüstet. Lassen Sie sich inspirieren, und schauen Sie, was Sie in Ihrem Alltag, in Ihrer Familie oder in Ihrer Einrichtung umsetzen können.

Kochen im Alltag

Beteiligen Sie die Kinder beim alltäglichen Kochen. Für viele Erwachsene ist Kochen leider tote Zeit oder ein notwendiges Übel, das erledigt werden muss. Es kann aber auch eine gemeinsame Aktivität mit den Kindern sein, die Spaß macht und noch dazu gesundes Essen liefert. Regelmäßig umgesetzt, wird man so ganz nebenbei zum nachhaltigen Haushalt.

Koch-Event

Ob nun zum Kindergeburtstag privat oder als Highlight in der Kita: Kochen funktioniert immer! Lassen Sie sich von den Rezepten in diesem Buch inspirieren, um mit den Kindern zusammen etwas ganz Besonderes herzustellen: selber Burger machen, Stockbrot grillen, Joghurt herstellen, Brot backen, Fisch in der Lehmkruste.

Kochkurs mit vielen Kindern

Wenn Sie mit Kindergruppen kochen, können Sie die 12 Kapitel des Buches als 12 Einheiten eines Kochkurses zur nachhaltigen Küche betrachten. Alle wichtigen Themen, Warengruppen und Mahlzeiten am Tag werden innerhalb der 12 Einheiten behandelt. Der Kurs sollte einmal die Woche stattfinden. Wir empfehlen eine Kursgröße von 12 Kindern mit zwei Erziehern. Planen Sie für einen Kochkurs ungefähr drei Stunden ein. Beginnen Sie eine Kurseinheit mit Hintergründen, Spielen, Gartenarbeit oder Verkostungen zum Tagesthema. Hierbei können Sie die Hintergrundthemen aus Ernährung und Nachhaltigkeit einfließen lassen. Dann nehmen Sie sich mit den Kindern ein Rezept vor. Achten Sie darauf, dass die Kinder so viel wie möglich selber machen, auch das Aufräumen und Spülen am Schluss!

Viele unserer Einrichtungen arbeiten auch mit einer freiwilligen Koch-AG für Kinder. Diese Endloskochkurse sind natürlich äußerst erfolgreich, da die Kinder freiwillig teilnehmen und schon Interesse mitbringen. Für solche AGs wird dieses Buch eine wahre Fundgrube sein, denn sie haben meist mehr Zeit, um alles auszuprobieren oder sich von den Themen im Buch anregen und weiterführen zu lassen.

Lebensmittelverehrende Feste

Eine schöne Möglichkeit, um Kochen und Ernährung zum Thema in Kita, Schule oder Familie zu machen, ist ein lebensmittelverehrendes Fest. In unseren Breiten feiert man nur ein solches Fest im Jahr, das Erntedankfest. Regional gibt es Bräuche, die sich auch um bestimmte Lebensmittel ranken wie Weinfeste, Schlachtfeste oder auch Spargel-, Kartoffel- oder Obstfeste. Planen Sie zusammen mit den Kindern Feste, die zu den Erntezeiten der Lebensmittel stattfinden. Dazu laden Sie Gäste ein und können natürlich auch Erzeugnisse verkaufen und so Kochkurse finanzieren.

Kochen, Warenkunde und Gärtnern als eine reguläre Methode im Bereich Gestalten

Ähnlich wie beim Malen, Handwerken, Bauen oder Experimentieren können Kinder auch beim Kochen ganz unterschiedliche Erfahrungen sammeln. Entdecken Sie »Kochen« nicht nur als Vorbereitung zur Nahrungsaufnahme, sondern als Spielfeld der Gestaltung. Die Herstellung von Nahrungsmitteln oder das Gärtnern haben beispielsweise einen handwerklichen Aspekt, während das Backen von Torten, die Gestaltung eines Desserts oder Zusammenstellung einer Kräutermischung kreative, ästhetische und sensorische Fähigkeiten fördern. Wir bieten in diesem Buch viele Möglichkeiten, sich mit Lebensmitteln zu beschäftigen, ohne eine Küche zu brauchen. Dafür sollten Sie ein besonderes Augenmerk auf die Anregungen in der Rubrik Spielwiese legen.

Gärtnern und Konservieren

Wer keine Küche, aber einen Garten hat, kann das Thema Ernährung ganz wunderbar von der Herstellungsseite her aufrollen. Obst und Gemüseanbau kann auch ein Betätigungsfeld für Kinder sein, auf dem sie Erfahrungen mit Lebensmitteln machen können. Wenn Sie bislang das Thema Ernährung aufgrund einer fehlenden Küche ausgeklammert haben, denken Sie doch darüber nach, ob nicht Gärtnern oder Tierhaltung in Ihrer Einrichtung umsetzbar wären.

ÜBER DIESES BUCH

Rezepte und Resteverwertung

Die Rezepte richten sich immer an 12 Kinder. Sie brauchen auch ein wenig Augenmaß im Umgang mit biologischen Lebensmitteln. Auch Verarbeitungsqualitäten können unterschiedlich sein: Verschiedene Mehle brauchen oft unterschiedlich viel Wasser, um zu einem guten Teig auszuquellen. Dieses Augenmaß lernen Sie und auch die Kinder durch Erfahrung, Geduld und Zeit.

Gewöhnen Sie sich an, Zutaten langsam zusammenzumischen, um auch von einzelnen Elementen weniger dosieren zu können.

In den Texten finden sich viele kleine Rezepte und Verwertungstipps. Diese finden Sie im Überblick nochmal im Register. Die Rezepte zur Resteverwertung bei »Alles muss weg!« bieten immer eine Berechnungsgrundlage an. Egal wie viel übrig bleibt, Sie können anhand der Angaben selbst die richtigen Mengenverhältnisse bestimmen.

Die Rezepte versuchen, den Kochvorgang chronologisch wiederzugeben, damit Sie diese später leichter mit den Kindern umsetzen können. Die Zutaten in den Rezepten variieren gemäß dem regionalen Saisonkalender. Durch dieses Rezeptsystem möchten wir Sie animieren, Rezepte als Vorschläge zu betrachten und selbst einzelne Elemente auszutauschen und der jeweils aktuellen Einkaufs- oder Erntesituation anzupassen. Kochen Sie und verabschieden Sie sich vom Rezept-Diktat!

Schwierigkeitsgrade

Die leichten Rezepte können Sie schon mit Kindern von gerade mal 3 Jahren umsetzen. Natürlich mit viel intensiver Unterstützung. Ansonsten sind wir der Auffassung, dass Sie jedes andere Rezept auch mit jeder anderen Gruppe ab dem Vorschulalter umsetzen können. Sie müssen bei den 4- bis 5-Jährigen dabei sicherlich mehr helfen. Sie werden aber überrascht sein, wie hervorragend alles mit der Zeit funktioniert. Trauen Sie sich, und erfahren Sie, was viele unserer Botschafter erleben: Die Kinder lernen blitzschnell und sind begeisterte Köche und bald dadurch auch neugierigere Esser. Versprochen!

Zutaten

Wir versuchen in diesem Buch, den Anspruch auf nachhaltige Zutaten konsequent umzusetzen. Wir verzichten weitestgehend auf importierte Waren in den Rezepten. Deshalb gibt es in diesem Buch keine Zitronen, Bananen oder Orangen. Es tauchen aber Gemüse und Obstsorten auf, die hierzulande im Gewächshaus wachsen (Tomaten, Gurken, Melonen). Nur die Schokolade, die wollten wir dann doch nicht völlig vom Speisezettel der Kinder verbannen.

Nachhaltige Küchenpraxis

In dieser Rubrik wird's praktisch: Hier vermitteln wir die wichtigsten Grundrezepte bzw. Küchentechniken, die nachhaltig wirken. Hier finden Sie Grundrezepte, Warenkundliches und praktische Ideen für die nachhaltige Küche. Und natürlich alles, was Sie beim Einkauf beachten müssen. Meist konzentrieren wir uns in dieser Rubrik auf die Lebensmittel, die thematisch im Kapitel im Vordergrund stehen.

Hintergrund Ernährung & Hintergrund Nachhaltigkeit

In diesen beiden Rubriken möchten wir Sie mit Informationen füttern. Wir haben versucht, das Wichtigste zu allen Aspekten des weltweiten Ernährungsverhaltens darin zusammenzufassen, aus dem Blickwinkel der Ernährung und dem der Nachhaltigkeit. Das zusammengefasste Wissen entspricht auch dem Überblick, den die Kinder bekommen sollten. Natürlich können wir in diesem Rahmen die Themen nicht abschließend behandeln, aber wir möchten Denkanstöße geben und grundlegende Zusammenhänge aufzeigen.

Spielwiese

Hier finden Sie Spiele, Experimente, Denk- oder Rechercheaufgaben oder andere Ideen, wie Sie die Themen und Inhalte der Kapitel methodisch mit den Kindern umsetzen können. Die Spiele richten sich an jüngere und ältere Kinder, manchmal haben wir Ihnen auch Variationsmöglichkeiten des gleichen Spiels für mehrere Altersgruppen vorgeschlagen. Diese Methoden können Sie im Kochkurs ergänzend umsetzen oder im Alltag mit allen Kindern ausprobieren. Wer keine Küche hat, kann mithilfe der Spiele trotzdem einen Ernährungsbildungskurs gestalten.

**Küchenutensilien, die in den Rezepten
benötigt werden:**

* Schürzen
* Geschirrtücher
* Wischlappen
* Spülschwamm
* Kindermesser
* Rührlöffel
* Schüsseln
* rutschsichere
  Schneidebretter
* Backbleche
* Bräter
* Pfannen
* Pürierstab

* Handrührer
* Küchenreibe
* Blitzhacker
* Spaghettischneider
* Kugelausstecher
* Grätenzange
* Kartoffelstampfer
* Mörser
* Küchengarn
* Sparschäler
* Muffinförmchen /
  Blech

SCHULE DER SINNE — KRÄUTER

Wir wandern mit Kindern durch den Kräutergarten
und erforschen ganz nebenbei unsere Sinne.
Dabei betrachten wir die Zusammenhänge zwischen
unseren Geschmackserlebnissen und der Umwelt,
in der wir leben.

GEMÜSESTICKS MIT DIPS

Rezept und Resteverwertung

Geeignet für: gesunder Snack, Vorspeise, Zwischenmahlzeit oder Partysnack
Schwierigkeitsgrad: leicht

Frühling	Sommer	Herbst	Winter
3 Möhren	20 Kirschtomaten	1 Stück Kürbis	3 kleine Knollen Rote Bete
1 Kohlrabi	4 Stangen Staudensellerie	3 Stück Topinambur	1 Knolle Steckrübe
1 Bund Radieschen	2 Paprika	2 Zucchini	3 Chicorée
250 g Spargel	1 Gurke	3 Pastinaken	3 Möhren
2 Kugeln Teltower Rübchen	2 Fenchelknollen	20 Kirschtomaten	Ca. 250 g Champignons
		1 weißer Rettich	

EIER-SENF-DIP	KRÄUTERDIP	TOMATENDIP	ERBSEN-HUMMUS-DIP
6 hart gekochte Eier (Größe M)	1 Bund Basilikum	12 Tomaten	400 g (gekochte) gelbe Erbsen
125 g Schmant	1 Bund Schnittlauch	500 g Magerquark	400 ml Gemüsebrühe
250 g saure Sahne	1 Bund glatte Petersilie	12 TL Tomatenmark	½–1 Becher Joghurt
8 TL grobkörniger Senf	500 g Magerquark	2 Becher Schmant	1 Bund glatte Petersilie
1 Bund Schnittlauch	2 Becher Schmant	1 Bund Basilikum	1 TL Honig
1 Bund Petersilie	5 Knoblauchzehen	3 EL Olivenöl	Salz, Cayennepfeffer
Salz, Pfeffer	evtl. etwas Wasser, Salz	Salz, Pfeffer	Paprikapulver

Und so geht's:

1. Für den Hummus Erbsen am Tag vorher einweichen und anschließend im Einweichwasser 1 Std. gar kochen, kein Salz hinzugeben! Die Erbsen abschütten und das Kochwasser aufheben. Für den Eierdip die Eier am Tag zuvor hart kochen (ca. 8 min).

2. Gemüse waschen und, wenn nötig, schälen. Gemüse in längliche Sticks schneiden und auf Servierplatten anrichten.

3. Für alle Dips zunächst die Kräuter fein hacken.

4. Alle weiteren Dip-Zutaten je nach Rezeptangaben vermengen. Für den Eierdip die gekochten Eier pellen, mit der Gabel zerdrücken und unter die Masse heben. Für den Hummus die gekochten Erbsen mit ein paar EL Kochbrühe pürieren und mit den restlichen Zutaten vermengen. Sollte der Hummus zu dick werden, Einweichwasser langsam hinzugeben und weiterpürieren.

5. Zuletzt die Kräuter unterheben und den Dip mit Pfeffer und Salz würzen. Wenn nötig, mit etwas Honig und ein paar Tropfen Essig abschmecken.

6. Die Dips in kleinen Schalen anrichten und mit Kräutern dekorieren.

7. Sie können natürlich auch mehrere Dips zum Gemüse herstellen. Reduzieren Sie dazu die Mengenangaben entsprechend. 2 Dips = Mengenangaben halbieren.

ALLES MUSS WEG!

* **Gemüsebrühe.** Auch die Schalen und Schnittreste, die meist im (Bio-)Müll landen, lassen sich noch verwerten. Geben Sie alle Reste in einen großen Suppentopf (bis auf stark färbendes Gemüse wie Rote Bete) und kochen Sie daraus eine Gemüsebrühe. Intensivieren Sie den Geschmack, indem Sie Salz und Gewürze hinzufügen und die Brühe einreduzieren lassen. Die selbst gemachte Brühe können Sie portionsweise einfrieren und zum Kochen und Würzen benutzen. Hierfür eignen sich gebrauchte, ausgewaschene Verpackungen, wie Frischkäsedosen oder andere wiederverschließbare Behältnisse. Eiswürfel aus Brühe sind ideal zum Würzen.

* **Gemüseauflauf.** Gemüsereste lassen sich hervorragend zu einem Auflauf verarbeiten. Dazu muss das Gemüse zunächst gegart werden, am besten mit einem Dämpfeinsatz im Kochtopf. Das knackige Gemüse wird in einer ausgebutterten Auflaufform geschichtet. Für ca. 750 g Gemüse verrühren Sie einen Becher Schmant mit ½ Becher Sahne. Darin verquirlen Sie 3–4 Eier. Würzen Sie die Masse mit Pfeffer, Salz und ½ TL Senf und 3 EL gehackten frischen Kräutern. Nun übergießen Sie das Gemüse mit der Eiersahne. Der Auflauf braucht ca. 40 Minuten im Ofen bei ca. 180 °C.

* **Rohe Gemüsereste** können beim Kochen von Gemüsesuppen, Eintöpfen oder als Erweiterung eines Kartoffelpürees verwertet werden.

* **Restliche Dips** peppen als Brotaufstrich Pausenbrote und Sandwiches auf.

KOCHEN MIT KRÄUTERN UND GEWÜRZEN

Nachhaltige Küchenpraxis

Am Beginn der Kinder-Kochkurse der Sarah Wiener Stiftung stehen immer die Geschmacksschule und die Konzentration auf die sensorischen Aspekte des Kochens. Und zum Abc der nachhaltigen Küchenpraxis gehört eine kleine Schule der heimischen Geschmacksfarben. Welche Kräuter wachsen ursprünglich auf unseren Wiesen? Die heimische Vielfalt können Sie in der Tabelle auf Seite 192 entdecken.

Kräuter bieten ein vielseitiges Betätigungsfeld zum Spielen und Schmecken mit Kindern. Wir empfehlen natürlich auch den Anbau von Kräutern, mehr dazu finden Sie auf der Spielwiese am Ende des Kapitels. Anhand von Kräutern können Sie sehr einfach, auch ohne Küche und Garten, die Verarbeitungskette vom Anbau bis zum fertigen Essen mit den Kindern durchspielen: Kräuter können auf der Fensterbank und in Töpfen angepflanzt, geerntet und getrocknet werden und einen Kräuterquark können Sie auch ohne Küche herstellen. Zum heimischen Küchen-Abc gehören Schnittlauch, Petersilie und Majoran.

Wer Kräuter anpflanzen kann und das ganze Jahr Freude an der aromatischen Würze aus der Eigenproduktion haben möchte, sollte sich mit ein paar Techniken vertraut machen.

GETROCKNETE KRÄUTER – EINFACH UNKOMPLIZIERT

Binden Sie Ihre Kräuterernte mit einer Hanfschnur zu Bündeln an den Stielen zusammen, und hängen Sie diese kopfüber auf einem luftigen Dachboden, in einer Scheune oder unter einer überdachten Pergola auf. Bei warmer Witterung sind die Kräuter in 1–2 Wochen trocken. Die Kräuter können am Stengel belassen und in hohen Gläsern aufbewahrt werden, ideal ist es, diese Gläser durch Papier von innen abzudunkeln, um die Kräuter vor Licht zu schützen. Die Kinder können die Papiere dann beschriften und bemalen. Eine tolle Möglichkeit der Aufbewahrung sind auch Gewürzmühlen, in die man getrocknete Kräuter geben kann.

GEFRORENE KRÄUTER

Sie können Kräuter natürlich auch frisch sehr gut einfrieren. Kräuter waschen, schütteln und sehr gut trocknen lassen. Die Kräuter hacken und evtl. noch zu Kräutermischungen verarbeiten und in kleinen verschließbaren Verpackungen (Frischkäse, Quark etc.) abfüllen und sofort einfrieren. Vergessen Sie dabei nicht, dass all diese Arbeiten am Rande des eigentlichen Kochens stattfinden und im Alltag in Kita oder Familie immer eine Rolle spielen können. Beziehen Sie die Kinder immer mit ein.

GEWÜRZE FRISCH ZUBEREITEN – EIN SINNLICHES ERLEBNIS

Gewürze und Kräuter haben die meisten Inhaltsstoffe und Aromen, wenn sie wenig verarbeitet oder gelagert wurden. Deshalb sollten Gewürze immer so belassen wie möglich gekauft und frisch verarbeitet werden. Ganze Samen, ganze Kräutersträuße, ganze Früchte, Rinden oder Beeren sind also immer zu bevorzugen. Gewöhnen Sie sich an, die für ein

Gericht benötigten Gewürze selbst in einem Mörser zusammenzuführen und zu zerstoßen, damit wird es auch für die Kinder selbstverständlich. Sie verzichten durch diese Methode auch auf alle industriellen Produktions- und Zusatzstoffe, die eingesetzt werden, um gemahlene Lebensmittel haltbar zu machen.

SÄUERN IN DER NACHHALTIGEN KÜCHE

Die Gewürze und Kräuter, die wir verwenden, stammen meist von weit her oder wurden in vielen Arbeitsschritten industriell behandelt. Wenn wir nachhaltig agieren wollen, müssen wir auch hierauf achten. Das heimische Gewürzangebot ist vielseitig und durch Eigenanbau und Konservierung haben wir auch ganz ohne Import tolle Würzmöglichkeiten. Ebenso kreativ kann man sein, wenn man auf Orangen und Zitronen verzichten möchte. Jede gute Speise braucht etwas Süße und Säure. In unseren Breiten lässt sich die Säure der Zitrone gut durch Sanddornsaft oder -mark ersetzen. Hierfür eignet sich nur Direkt- oder Rohsaft ohne Zucker. Sehr sauer und daher ideal ist der Berberitzensaft. Holundersaft ist ebenso gut, allerdings etwas bitter und damit nicht für jede Speise geeignet. In allen genannten Früchten steckt neben der weit höheren Dosis Vitamin C als in Zitronen noch eine Vielzahl an sekundären Pflanzenstoffen, die uns gesund halten. Und schließlich sind Frucht- und Kräuteressige bei herzhaften Speisen auch eine gute Möglichkeit, zu säuern.

GESCHMACKS-SCHULE

Hintergrund Ernährung

Schmecken, riechen, fühlen, hören, tasten – wahrnehmen. Die Sinne sind unser Schlüssel zur Welt, unsere Kontaktstelle zwischen innen und außen. Lange vor der sprachlichen Wahrnehmung und dem Ausdruck steht die sensorische Erfahrung. Kinder setzen ihre Sinne zur aktiven Wahrnehmung ihrer Welt ein und lernen über die sinnliche Erfahrung. Aus Greifen wird schnell Begreifen. Die Kinder erleben das als unwiderstehlichen Drang, möglichst viel auszuprobieren und so die Grundkenntnisse des Menschseins zu erwerben. Kann ich Nüsse mit dem Mund fangen? Was passiert, wenn ich versuche, im Kopfstand zu trinken? Kann ich den Schneemann mit ins Zimmer nehmen? Das Schöne ist, sinnliche »Lernlektionen« sind quasi für die Ewigkeit gemacht: Was erfahren wurde, gehört von nun an zu uns. Auf einen Heranwachsenden strömt eine Flut von Informationen ein, die er seiner Entwicklung entsprechend verarbeiten muss. Das erreichen Kinder über physisch-sinnliche Erfahrungen. Durch die Sinne werden wichtige Verarbeitungsprozesse im Gehirn angestoßen.

Unsere Sinne müssen trainiert und wach gehalten werden, denn werden sie wenig bis kaum eingesetzt, verkümmern sie und wir stumpfen ab. Kinder, deren Sinne nicht angesprochen werden, betrifft das existenziell. Besonders deutlich wird das im Bereich Ernährung, wenn eine einseitige sinnliche Ansprache dazu führte, dass Kinder zu sogenannten »Essverweigerern« werden und eine Vielzahl an Lebensmitteln ablehnen. Das kann zu Mangelerscheinungen und damit zu Erkrankungen oder Wachstumsstörungen führen. Bis zum Alter von ca. sechs Jahren ist die grundlegende Ernährungsbildung von Kindern abgeschlossen. Alles, was die Kinder bis dahin kennengelernt haben, nehmen sie wie selbstverständlich in ihr persönliches Nahrungsmittelrepertoire auf. Nutzen Sie diese Phase, um den Kindern die große Vielfalt unserer Lebensmittel und vor allem die Biodiversität näherzubringen.

ÜBERLEBENSWICHTIG: DER GESCHMACKSSINN

Ob ein Nahrungsmittel giftig oder verdorben ist, entscheidet seit Urzeiten unser Geschmacksinn und übernimmt damit die Verantwortung für unser Leben. So entwickelten wir ein ausgeklügeltes Geschmackssystem, in dem viele Sinneseindrücke zusammenwirken. Die Zunge beschränkt sich auf fünf grundlegende Wahrnehmungen: sauer, süß, salzig, bitter, würzig (umami). Unlängst hat die Wissenschaft herausgefunden, dass es noch einen sechsten gibt, den sogenannten Fettsensor. Er erkennt fetthaltige Nahrung. Die Geschmacksknospen melden dem Gehirn, wie intensiv ein Geschmack auftritt. Die Geschmacksknospen sind übrigens nicht, wie man früher annahm, in bestimmte Regionen auf der Zunge unterteilt. Wir schmecken alles, sofern wir auch etwas riechen. Denn das eigentliche Aroma entsteht erst durch den Geruchssinn. Deshalb macht das Essen auch bei Schnupfen so wenig Spaß. Die Beschaffenheit unseres Essens trägt beim Schmecken ebenso zum Gesamteindruck bei wie die Temperatur. All diese Faktoren ruft unser Gehirn gleichzeitig ab, wenn wir etwas schmecken.

Bei scharfen Speisen wird unser Schmerzempfinden durch Hitzewahrnehmung des Körpers angesprochen. »Scharf« ist also kein Geschmacksinn, sondern die Reaktion unseres Körpers auf Hitze.

Der Geschmack- und Geruchssinn sind an das unwillkürliche Nervensystem gekoppelt, das heißt, unser Körper kann uns mit unwillentlichen Reaktionen auf Gerüche oder Geschmackserlebnisse überraschen. Das ist das Phänomen des »Wassers, das im Munde zusammenläuft«, wenn man einen leckeren Geruch wahrnimmt. Ein übler Geschmack oder Geruch kann uns aber auch schon mal das Gegenteil bescheren und man muss sich plötzlich übergeben. Lebendig wird das, wenn man mit den Kindern durchspielt, was passiert, wenn man eine Zitrone zeigt und an ihr riecht oder wenn man dabei zusieht, wie jemand in einen Zitronenschnitz beißt . Probieren Sie es aus!

Das Geschmackssystem von Kindern befindet sich in der Entwicklung. Sie müssen das Schmecken erst lernen und entwickeln dabei spätere sensorische Vorlieben. Durch Zwänge manifestieren sich auf Dauer jedoch Abneigungen. Mit zunehmendem Alter entwickelt sich ein eigenes »Geschmacksarchiv«, je nachdem, wie oft ein Kind mit bestimmten Geschmackseindrücken konfrontiert wurde. Der häufige Verzehr bestimmter Lebensmittel führt dazu, dass diese später eher positiv bewertet werden, weil das Gehirn sie als vertraut und wohlschmeckend abgespeichert hat.

DEN GESCHMACK TRAINIEREN DURCH PROBIEREN

Fördern Sie durch Verkostungen so oft wie möglich das Schmecken, Riechen und Betasten von Lebensmitteln. Sie finden dafür in diesem Buch auch immer wieder konkrete Anregungen. Gewöhnen Sie sich beim Kochen mit Kindern an, die Zutaten vorher genau zu untersuchen und wenn möglich roh zu probieren. Bevorzugen Sie dafür möglichst viele unterschiedliche Gemüse- und Obstsorten. Beim Zutatencheck ist es nicht nur interessant, über die Herkunft, die Textur oder den Geschmack der Lebensmittel zu sprechen. Beschäftigen Sie sich auch mit den Verpackungen und den visuellen Reizen, denen die Kinder ausgesetzt sind. (Mehr dazu in Kapitel 11.)

ARTENVIELFALT

Hintergrund Nachhaltigkeit

Schon gewusst? 49 % aller Arten der Welt sind extrem selten oder vom Aussterben bedroht.

Beim Kochen und Spielen mit diesem Buch entdecken Sie bestimmt oft etwas Neues. Einen Geschmack, der Sie oder die Kinder überrascht hat oder unbekannt war. Wenn Sie nun daran denken, wie viele Pflanzenarten oder verschiedene Vögel Sie kennen, wird es Ihnen vielleicht ähnlich gehen. Wir laufen ständig an Pflanzen oder Vögeln vorbei, ohne sie zu kennen oder sie überhaupt richtig wahrzunehmen.

Bei Gemüse-, Obst- oder Nutztiersorten hat unsere Unachtsamkeit Folgen. Die Gemüse, die nicht so oft gegessen werden, verkaufen sich schlechter und werden daher weniger angebaut. Damit gibt es immer weniger Sorten. Die anderen sterben aus. Das klingt unbedeutend, aber hier kommt das Wort »Artenvielfalt« ins Spiel. Artenvielfalt beschreibt die Vielfalt der Tiere und Pflanzen innerhalb eines Lebensraumes. Artenvielfalt ist wichtig, da in der Natur viele aufeinander angewiesen sind. Stirbt eine Art aus, hat das – beispielsweise wegen der Nahrungskette – Folgen für andere Arten und damit auch irgendwann für uns Menschen, auch wenn wir erst einmal nicht betroffen zu sein scheinen.

WER WEIZEN MAG, KANN ÜBERLEBEN?

2011 wurden 52 % der gesamten Landfläche in Deutschland landwirtschaftlich genutzt. Viele der restlichen Flächen sind versiegelt durch Straßen oder Häuser und können von Tieren und Pflanzen nicht besiedelt werden. Daher ist es relevant für ökologische Zusammenhänge, was und wie viel Unterschiedliches auf landwirtschaftlichen Flächen angebaut wird. 2012 war die hauptsächliche Feldfrucht Weizen, gefolgt von Mais. Es können hier theoretisch die Arten am besten überleben, die mit Weizen bzw. Mais gut klarkommen. Die Tiere, die sich nicht von Weizen ernähren, haben wenig Alternativen. Daher beeinflussen unsere Ernährungsgewohnheiten wilde Pflanzen und Tiere. Wenn im Gegensatz dazu ein Käfer oder Pilz aber Weizen mag, kann er sich gut vermehren und schadet in großem Maße. Das hat zur Folge, dass hier Gifte eingesetzt werden müssen, um die empfindlichen Monokulturen zu retten. Essen Sie viele Weizenprodukte? Welche anderen Getreide oder Feldfrüchte nutzen Sie in Ihrem Speiseplan?

KENNEN WIR NICHT, BRAUCHEN WIR AUCH NICHT?

Viele Arten sind noch nicht erforscht und könnten uns nützlich sein, sind aber schon wieder aus der Welt verschwunden. Viele Pflanzen und Tiere sterben aus, und wir wissen nicht, was wir dabei verpasst haben. Ihre Wirkstoffe hätten DAS Mittel gegen Erkältung oder Rheuma sein können. Nun ist das für uns verloren. »Insgesamt werden weltweit etwa 50.000 bis 70.000 Pflanzenarten in traditioneller und moderner Medizin genutzt. Bis zu 15.000 davon sind (…) in ihren Beständen bedroht«, schreibt der WWF dazu. Kennen und nutzen Sie Heilpflanzen? Suchen Sie sie selber in der Natur?

ARTENVIELFALT UND KLIMAANPASSUNG

In der weltweiten Wissenschaftsgemeinde ist es kaum mehr umstritten, dass wir es zurzeit mit einem sehr schnellen Klimawandel zu tun haben (siehe Kapitel 7). Wenn sich aber das Klima und somit auch das Wetter ändern, müssen wir andere Feldfrüchte anbauen. Bei alledem sind wir darauf angewiesen, eine große Auswahl an unterschiedlichen Sorten – einen sogenannten »Genpool« – zu haben, der für alle Fälle die richtige Lösung bereithält. Wenn also beispielsweise die Getreidesorte, die sehr gut in einer trocknen Gegend wachsen kann, ausgestorben ist, können wir schlecht auf Trockenheit in Folge von Klimaänderungen reagieren. Von welchen Pflanzen kennen Sie die Bedürfnisse? Wissen Sie, was auf Ihrem Fensterbrett gut wachsen kann und was nicht?

ALLES HÄNGT ZUSAMMEN

Es ist nicht absehbar, was passiert, wenn wir in die Natur eingreifen, eine Art schwächen oder aussterben lassen. Die EU verbot 2013 Pestizide, die vor allem Mais, Sonnenblumen, Raps sowie Baumwolle vor Schädlingen schützen. Der Hintergrund ist, dass diese Pestizide zu einem Bienensterben geführt haben. Die Bienen brauchen wir aber nicht nur für den Honig, sondern auch zur Befruchtung unserer Felder und Obstplantagen. Sterben Bienen, ernten wir beispielsweise weniger Äpfel. Hier kommt das nächste Fachwort ins Spiel: Ökosystem. Ökosystem setzt sich zusammen aus den Worten Öko – »Haus« – und System – »das Verbundene« –. So ist gut vorstellbar, was das für uns bedeutet: Wir sind nie allein in unserem »Haus«. Alles steht miteinander in Kontakt und hat eine Wirkung aufeinander. Das kann auch eine kleine Wirkung sein. Haben Sie sich schon einmal überlegt, was passieren würde, wenn wir auf einmal keine Kirschen mehr hätten?

GIFTE UND EINFACHE SYSTEME

Die deutschen Weizenfelder, die durch hohen Pestizid- und Fungizideinsatz vor Schaden bewahrt werden, haben noch eine andere Bedeutung. Wenn ein Käfer vergiftet wird, hat das Folgen für Spinnen oder Vögel, die diesen Käfer fressen. Im günstigsten Fall bekommen sie nur Bauchschmerzen, im ungünstigsten sterben sie. Viele Gifte werden in Kleingärten verwendet. Haben Sie sich schon einmal im Baumarkt umgesehen, wie viel Gift dort verkauft wird?

NACHGEMACHT!
Tipps und Anregungen
 ————————————————

— Werden Sie zum Pflanzenkenner! Kräuter und Pflanzenführer helfen weiter, aber auch Vorträge oder Führungen z. B. an Volkshochschulen.

— Kaufen Sie möglichst nicht nur eine Sorte Äpfel oder Kartoffeln, probieren Sie etwas anderes aus! Vielleicht finden Ihre Kinder besondere Sorten? Begeben Sie sich auf Entdeckungstour!

— Sprechen Sie Ihren Lebensmittelhändler auf alte und ungewöhnliche Sorten an. Vielleicht nimmt er mal eine lila Kartoffel oder einen besonderen Apfel probeweise ins Sortiment.

— Informieren Sie sich über bedrohte Nutzpflanzen. Wenn Sie einen Garten haben oder einen Balkon oder eine Fensterbank: Bauen Sie bedrohte Arten an!

SPIELWIESE

Spiele und Experimente

GUCK MAL, WAS DA WÄCHST

Bevor wir uns für Artenvielfalt engagieren, sollten wir sie erst einmal wahrnehmen und uns an ihr erfreuen! Gehen Sie mit Kindern in Ihre unmittelbare Umgebung. Nehmen Sie Blätter und Stifte mit. Untersuchen Sie alles, was da wächst, und schauen Sie sich Blätter, Äste und Zweige genau an. Was kennen Sie schon, was ist Ihnen unbekannt? Was finden Sie für Unterschiede? Malen Sie verschiedene Blattformen auf – wer findet die meisten? Können Sie Formen beschreiben? Haben Sie Worte dafür? Und finden Sie Namen für die unterschiedlichen Grüntöne? Gibt es auch andere Farben? Riechen Sie an den Blättern, zerreiben Sie sie und riechen Sie noch einmal. Nach was riechen die Blätter? Ist das unterschiedlich? Können Sie die Blätter am Geruch unterscheiden? Wie riechen die Blüten? Sie können dieses Spiel auch variieren: Jedes Kind sucht sich ein Blatt oder eine Pflanze aus und stellt sie den anderen vor. Dafür kann das Kind die echte Pflanze zeigen, ein selbst gemaltes Bild dazu präsentieren und alles erzählen, was es über die Pflanze weiß. Wie sie riecht, welche Farbe sie hat und wo sie wächst. Die anderen Kinder können dann in einem Gespräch ihr Wissen mit einfließen lassen. Vielleicht kennen Sie auch einige Pflanzennamen oder finden sie heraus? Sind die Pflanzen genießbar? Was davon?

DUFTSAFARI

Für diese sinnliche Spielerei brauchen Sie Gläser und Pergamentpapier. In die Gläser werden jeweils geruchsintensive Lebensmittel gelegt: Kräuter, Käse, Blüten, Tee, Kaffee, Früchte mit ätherischen Ölen etc. Mit einem Pergamentstreifen im Glas wird der Inhalt unsichtbar. Nun wird das Glas mit Pergamentpapier bedeckt und dieses durch Umwickeln mit einer Schnur fixiert. Mit einer Nadel muss nun der Deckel so durchlöchert werden, dass er den Blick auf den Inhalt nicht freigibt, wohl aber seinen Geruch. Nun können die Kinder erraten, was in den Gläsern ist.

WÜRZMISCHUNGEN

Würzmischungen herzustellen macht Spaß und es schult den Geschmackssinn. Um den Kindern den Geschmack schneller nahezubringen, eignen sich Mischungen, die mit Salz hergestellt werden. Auf ein Butterbrot gestreut hat man sofort einen Eindruck der Mischung. Für dieses Spiel brauchen Sie einen großen Mörser, verschiedene getrocknete Kräuter und Gewürze und für jedes Kind einen Papierfrühstücksbeutel, in den die persönliche Mischung abgefüllt wird. Stellen Sie maximal 6 oder 8 Zutaten bereit. Zudem bereiten Sie mit den Kindern Brotwürfel vor, am besten eignet sich ein helles, feines Brot. Dies wird in dicke Scheiben geschnitten, dünn mit Butter bestrichen und in Würfel geschnitten. Auf diesen Würfeln dürfen die Kinder zunächst die einzelnen Kräuter und Gewürze ausgemahlen probieren. Nun soll jedes Kind versuchen, drei Geschmäcker zu kombinieren und eine Lieblingsmischung zu finden. Die Kinder stellen dann ihre Wahlmischung selbst im Mörser mit Meersalz her, sodass sich 2–3 EL Menge ergeben. Diese kann dann in die Papiertüte gefüllt werden.

Tipp: Gewürzmischungen eignen sich als Geschenk oder als »Spezialität« aus dem Schulgarten für den Verkauf zur Finanzierung von Kochprojekten.

HUSTENBONBONS

Dabei erfahren die Kinder, dass Pflanzen auch Heilwirkungen haben können. Sie brauchen Backpapier, eine Pfanne, Öl, Zucker und 1 Bund Salbei oder Thymian. Die Kräuter müssen mit einem Mörser zerstampft oder mit einem Löffel zerdrückt werden, nachdem sie klein geschnitten wurden. Die Pfanne mit Öl einfetten und erhitzen. Dann wird der Zucker hineingestreut, sodass der Boden bedeckt ist. Wenn der Zucker geschmolzen ist und eine Braunfärbung zeigt, streuen Sie die Kräuter hinein und rühren um. Die Masse wird nun auf das Backpapier gegossen. Jetzt warten, bis alles getrocknet und abgekühlt ist. Nun können die Bonbons in Stücke gebrochen und beim nächsten Husten benutzt werden. Achtung: Da die Masse sehr heiß wird (der Schmelzpunkt von Zucker liegt bei 160 °C, dann wird er flüssig und bekommt den Karamellgeschmack), sollten Erwachsene die Masse auf das Papier schütten.

TEEMISCHUNGEN HERSTELLEN

Das ist eine schöne Idee für Einrichtungen, die keine Küche und keinen Garten haben. Brühen Sie verschiedene Trockenfrüchte und Teekräuter kannenweise auf und lassen Sie die Kinder die einzelnen Bestandteile kosten. Durch Mischung der Flüssigkeiten können die Kinder nun ihre Favoriten finden. Ist die Entscheidung gefallen, mischen sich die Kinder ihren Lieblingstee in Form der trockenen Zutaten in ein Schraubglas oder eine Papiertüte. Teeingredienzien finden sich auch beim gemeinsamen Naturspaziergang: Brombeerblätter, Kamille, Apfelschalen, Walderdbeeren, Hagebutten u.v.m.

MÖHRE
Lebensmittel des Tages

Seit Jahrtausenden ernähren wir uns in Europa von der Wilden Möhre. Bis die Kartoffel bei uns ihren Siegeszug antrat, waren Rüben das nordeuropäische Grundnahrungsmittel. Es gibt allein in Europa 300 Möhrensorten.

Anbau

Aussaat Ende Februar bis Mitte Juni, je nach Sorte.

Frühe Sorten und Sommersorten reifen 10–16 Wochen.

Späte Sorten reifen 22–26 Wochen.

Keimung dauert 3–4 Wochen.

Boden: leicht, sandig, humusreich, warm.

Platz lassen zwischen den Pflanzen, damit sie sich beim Wachsen nicht behindern.

Erntezeit: August bis Anfang Oktober.

Größte Stärke

Betacarotinoide. Die schützen vor Krebs, stärken die Sehfunktion und die Abwehr der Haut und Schleimhäute. Betacarotin ist eine Vorstufe von Vitamin A und kann vom Körper nur in Verbindung mit Fett aufgenommen werden.

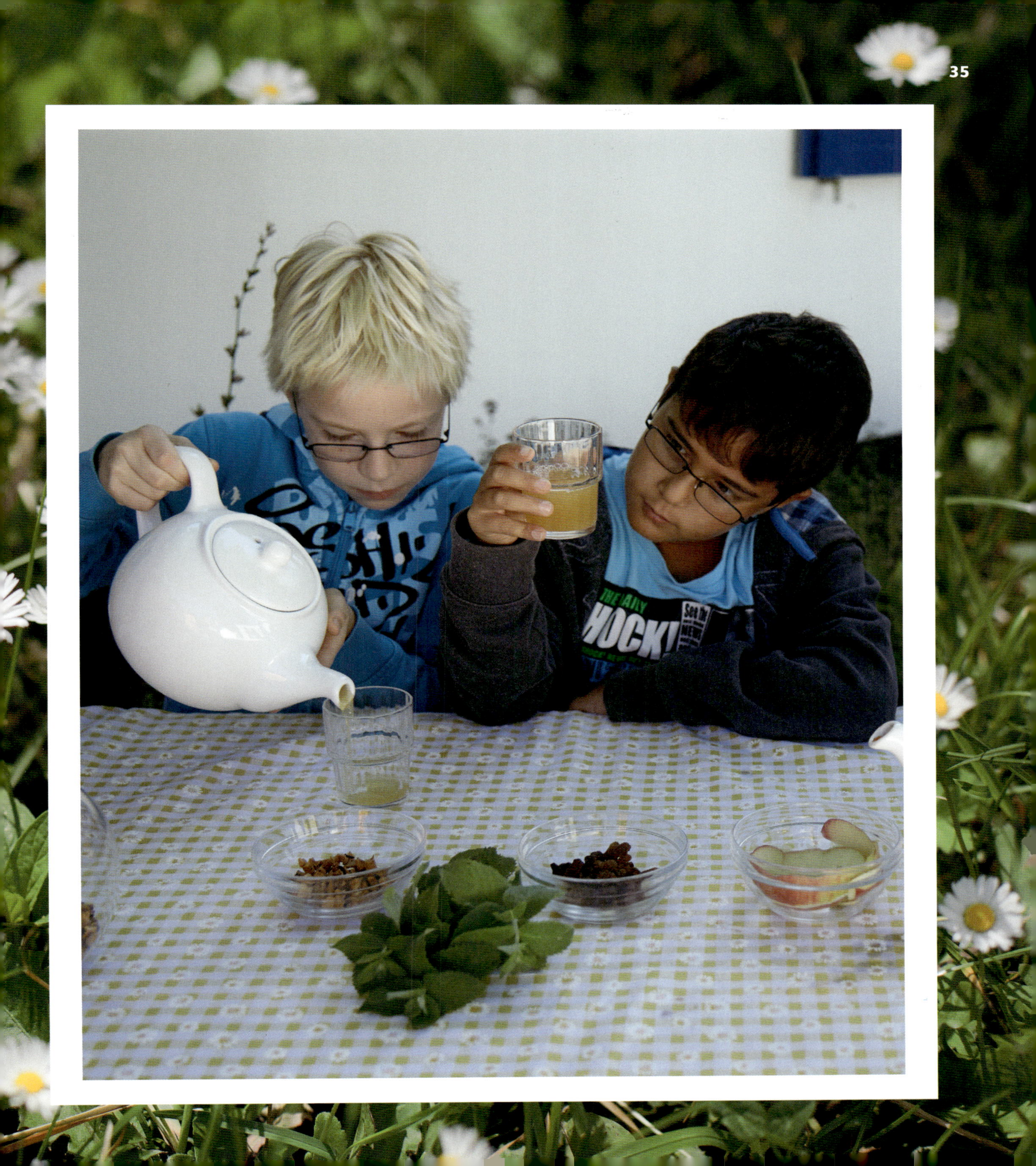

VITAL IN DEN TAG – OBST

Entdecken Sie die heimische Obstvielfalt und welche Leckereien man mit Kindern daraus zaubern kann. Und nachdem wir uns mit dem Frühstück Energie für den Tag geholt haben, geht es um Energie als Lebensgrundlage, das wir in diesem Kapitel auf Nachhaltigkeit untersuchen.

OBST-MÜSLI

Rezept und Resteverwertung

Geeignet für: Frühstück
Schwierigkeitsgrad: leicht

Frühling	Sommer	Herbst	Winter
6 Äpfel	12 reife Aprikosen	6 Birnen	6 Äpfel
10 EL Rosinen oder andere Trockenfrüchte	250 g Erdbeeren	250 g Trauben	6 EL getrocknete Aprikosen
24 EL Haferflocken	24 EL Haferflocken	24 EL Haferflocken	24 EL Haferflocken
12 EL Dinkelflakes	12 EL Dinkelflakes	12 EL Dinkelflakes	12 EL Dinkelflakes
6 EL Sonnenblumenkerne	6 EL Sonnenblumenkerne	6 EL Sonnenblumenkerne	6 EL Sonnenblumenkerne
Ca. 2 Liter Milch	Ca. 2 Liter Milch	Ca. 2 Liter Milch	Ca. 2 Liter Milch
Ein Glas Honig bereitstellen	Ein Glas Honig bereitstellen	Ein Glas Honig bereitstellen	Ein Glas Honig bereitstellen

Und so geht's:

1. Frisches Obst waschen und putzen, wenn möglich nicht schälen. Äpfel oder Birnen auf der Küchenreibe grob raspeln.
2. Restliches Obst oder Trockenfrüchte jeweils in mundgerechte Stücke schneiden.
3. Das Obst mit den Haferflocken, den Dinkelflakes und den Sonnenblumenkernen mischen und in 12 kleinen Schüsseln servieren.
4. Jedes Kind mischt nach Bedarf Honig oder andere Süßungsmittel zusammen mit der Milch in das Müsli. Mehr über süße Alternativen erfahren Sie auf Seite 202.
5. Anstatt Milch können natürlich auch andere Milchprodukte verwendet werden: Sauermilch, Joghurt, Kefir o. Ä.

Tipp: Experimentieren Sie bei diesem Rezept mit Flocken und Flakes unterschiedlicher Getreidesorten. Im Naturkost- oder Biohandel erhalten Sie nahezu jedes heimische Getreide in unterschiedlichen Verarbeitungsformen.

ALLES MUSS WEG!

⁕ Dessertsoße. Pürieren Sie das Obst mit etwas Fruchtsaft und servieren Sie es als Fruchtsoße zu Desserts oder Kuchen anstatt Sahne.

⁕ Äpfel oder Birnen können Sie geraspelt in den Teig (vor allem in Rührteige) von Vollkorngebäck geben. Das macht den Teig saftiger und aromatischer.

⁕ Apfelschalentee. Wenn Sie Äpfel für ein Rezept einmal schälen müssen, dann werfen Sie die Schalen nicht weg, sondern machen Sie daraus Apfelschalentee. Man kann die frischen Schalen sofort mit kochendem Wasser übergießen oder die Schalen in den Ofen zum Dörren geben und so Apfelschalen für Tee konservieren. Die getrockneten Schalen in einer Dose aufbewahren.

⁕ Getreidekrokant. Flocken und Flakes können die Kinder zu einer knusprigen Knabberei verarbeiten. Dazu wird alles klein gehackt und in der Pfanne angeröstet. Dann mit Rohrohrzucker karamellisieren. Nun die Mischung aus der Pfanne nehmen, möglichst breit ausstreuen (dann verklebt weniger) und erkalten lassen. Dieser Getreidekrokant eignet sich als kreative Müsliergänzung oder als knusprige Einlage für Joghurt oder Quark.

⁕ Getreideflakes eignen sich auch für Cremesuppen.

⁕ Schneller Getreidebrei. Aus der Getreidemischung lässt sich auch ein warmer Brei zaubern: Geben Sie das Getreide zusammen mit derselben Menge Milch in einen Topf. Kochen Sie den Brei auf und würzen Sie ihn mit einer Prise Salz, etwas Zucker und Zimt oder Vanille. Den Herd abstellen und den Brei im geschlossenen Topf an einer warmen Stelle ca. 5 min ausquellen lassen. Diese Variante des englischen »Porridge« schmeckt gut mit Obstsalat, Kompott oder in Fruchtsaft eingelegten Trockenfrüchten.

KOCHEN MIT OBST

Nachhaltige Küchenpraxis

Obst stellt die größte Herausforderung an eine nachhaltige Küche dar. Denn Obst wächst hierzulande nur wenige Monate im Jahr. Oft sind heimische Früchte im Handel auch mitten in der Saison wesentlich teurer als Bananen oder Ananas aus Übersee. Hier ist ein nachhaltiger Koch auf den Eigenanbau, besonders aber auf seine Kreativität beim Lagern und Haltbarmachen angewiesen. Entdecken Sie zusammen mit den Kindern altes Küchenwissen!

OBST RICHTIG LAGERN

Wenn Sie Bioobst kaufen oder Ihr eigenes Obst aus dem Garten holen, haben Sie bereits die Erfahrung gemacht, dass diese Ware schneller verdirbt. Daher ist die richtige Lagerung sehr wichtig, um keine Lebensmittel durch falsche Behandlung zu verschwenden. Lassen Sie Ihr Wissen über Erntezeiten oder die Eigenschaften der Früchte bei der Lagerung immer mit einfließen, wenn Sie beim Kochen, Ernten oder Spielen damit zu tun haben. Durch Gartenarbeit machen Sie dieses Wissen erfahrbar für die Kinder.

FRUCHTPÜREES UND FRÜCHTE EINFRIEREN

Die Gefriertruhe ist meist der ideale Ort für die langfristige Lagerung Ihrer saisonalen und regionalen Obstsorten. Das können Sie besonders gut mit Beeren machen. Kleiner Tipp fürs Einfrieren: Legen Sie die Früchte zunächst nicht zu eng auf ein Blech und frieren Sie sie darauf vor. Wenn Sie die Früchte später in einem Gefäß wieder einfrieren, können Sie diese weiterhin portionsweise entnehmen.

Sehr praktisch für den Küchenalltag ist es, die Früchte zu pürieren und das Püree portionsweise einzufrieren. Bei der Resteverwertung haben Sie bereits Bekanntschaft mit den Fruchtpürees und Soßen gemacht. Mit tiefgekühlten Pürees haben Sie auch im Winter immer Obst für Fruchtsoßen, Shakes oder Smoothies. Zum Einfrieren eignen sich sehr gut Verpackungen, die Sie normalerweise in den gelben Sack werfen würden: Margarinebecher, Joghurteimer, kleine Plastikboxen mit Deckel etc.

5 AM TAG – MIT SMOOTHIES GANZ LEICHT

Nutzen Sie die Möglichkeit, Obst auch trinkbar zu machen. Wichtig ist dabei, dass – soweit möglich – immer die ganzen Früchte verarbeitet werden, denn nur so erhalten Sie alle bioaktiven Stoffe der Pflanze. Ausgepresster Saft bietet das nicht! »Smoothies« stammen von dem englischen Wort smooth ab, das bedeutet cremig oder auch fein. Dementsprechend werden Früchte und Gemüse fein püriert und mit Wasser verflüssigt. Bereits die kleinsten Kinder sind in der Lage, Smoothies herzustellen und dabei selbstständig eine Fruchtmischung auszuwählen. Natürlich mit Ihrer Assistenz an der Küchenmaschine! Die pürierten Frucht- und Gemüsedrinks eignen sich auch hervorragend für Verkostungen und Geschmacksspiele. Frische Früchte wählen Sie nach dem Saisonkalender aus (siehe S. 193). Hierfür ist auch das pürierte gefrorene Obst geeignet. Sie können alles pürieren und »ver«-mixen, was die Kinder mögen. Dabei sollten Sie auf Früchte mit kleinen Kernen, wie Trauben oder Johannisbeeren, verzichten, denn auch die Kerne werden beim Mixen vermahlen und lassen den Smoothie leicht bitter schmecken. Natürlich können Sie auch Gemüse in einen Smoothie geben. Würzen Sie mit Fruchtdicksäften, Honig oder Sanddornsaft, verflüssigt wird mit Wasser. Für 12 Kinder brauchen Sie insgesamt 1,2 kg Früchte.

Interessante Kombinationen:
Aprikose – Möhre – Himbeere
Erdbeere – Pfirsich – Minze
Blaubeere – Birne – Kürbis
Apfel – Sanddorn – Kirsche

Smoothies sind für den sofortigen Verzehr bestimmt, da sich bei der Lagerung wertvolle Inhaltsstoffe schnell verflüchtigen. Aus diesem Grund ist von gekauften Produkten abzuraten.
Zusammen mit Kindern Obst zu ernten macht Spaß. Wenn Sie zu Hause oder in der Schule nicht über einen Garten verfügen, besuchen Sie unbedingt im Sommer ein Erdbeerfeld mit den Kindern. Sammeln Sie Früchte und verarbeiten Sie diese zu Püree oder Marmelade. Und vergessen Sie nicht, die Kinder im Winter beim gemeinsamen Frühstück an den schönen Tag auf dem Erdbeerfeld zu erinnern und sich die Marmelade dann doppelt so gut schmecken zu lassen.

MARMELADE EINKOCHEN

Werden Sie zusammen mit den Kindern zu Meistern der Marmelade und zaubern Sie wilde Kreationen. Als nachhaltige Köche sollten Sie immer bereit zur Produktion von Marmelade sein. Sie können günstig gute Früchte kaufen? Die Obsternte war reichlich? In der Biokiste finden sich schon wieder

500 g Johannisbeeren? Sie haben zu viel bunt gemischtes Obst übrig? Dafür sollten Sie immer Biogelierzucker aus Vollrohr im Hause haben und natürlich das ganze Jahr alle möglichen Schraubgläser sammeln. Wenn Sie mit Geliermittel oder Einmachhilfe arbeiten, können Sie die Zuckermenge reduzieren und sich zudem ihr liebstes Süßungsmittel dazu kombinieren. Und so wird's gemacht: Die Früchte werden gewaschen, von braunen Stellen befreit und klein geschnitten. Dann werden sie mit dem Zucker im angegebenen Verhältnis in einem Topf vermengt und aufgekocht. Je nach Frucht oder Größe muss die Fruchtmasse meist 4–8 Minuten blubbernd kochen. Die Schraubgläser vorher noch mal auskochen. Dann wird die Marmelade in die heißen Gläser gefüllt, diese werden fest verschlossen und für 5 Minuten auf den Kopf gestellt. Wenn die Gläser erkaltet sind, können selbst bemalte Etiketten draufgeklebt werden.

Interessante Kombinationen:
Schwarze Johannisbeere – Pfirsich
Kürbis – Aprikose
Apfel – Rosine – Pflaume – Zimtstange im Glas
Rhabarber – Erdbeere – Vanille

Die Arbeit mit der heißen Marmelade und den heißen Gläsern ist etwas für erfahrenere Küchenkinder. Marmeladenmeister sollten daher die Vorschul- und Grundschulkinder werden. Bei der Marmeladenherstellung muss man es mit der Hygiene sehr genau nehmen, und da tun sich die Kleinsten noch etwas schwer mit der Konzentration.
Marmelade können Sie vielseitiger einsetzen, als Sie denken: in einen Naturjoghurt gerührt oder in Grießbrei oder Getreidebrei als Geschmacksvariante. Sie können Fruchtaufstriche auch auf Kuchenböden verteilen und sie zu Bestandteilen von Torten machen. Aber auch herzhaft lässt sich der Fruchtaufstrich einsetzen: zur Verfeinerung von Bratensoße oder sogar als süßer Dip für Wildfleisch, das erleichtert Kindern auch den Zugang zu Wildfleisch.

NAHRUNG – UNSERE ENERGIEQUELLE

Hintergrund Ernährung

Wir essen, um unseren Körper mit Nährstoffen und Energie zu versorgen. Besonders morgens beim Frühstück entscheiden wir mit der Auswahl unserer Speisen über die Fitness und Leistungsfähigkeit unseres Körpers während des Tages. Unser Organismus braucht optimale Versorgung: Neben Energie in Form von Kohlenhydraten, Eiweiß und Fett braucht er auch Vitamine, Mineralstoffe und sekundäre Pflanzenstoffe. Alles spielt zusammen und bedingt sich dabei meist gegenseitig. Inhaltsstoffe sind also nie losgelöst zu betrachten, sie wirken in einem System. In diesem Sinne ist eine nachhaltige Küche, die alles verwerten und nichts verschwenden will, auch eine gesunde Küche.

Kinder stellen natürlich andere Anforderungen an ihre Ernährung als Erwachsene. Generell ist die Angabe des Kalorienbedarfs schwierig, weil der sich natürlich auch nach der individuellen Situation richtet. Bewegung und andere Anstrengungen erhöhen den Bedarf. Als Richtwert kann man sagen, dass Kinder im Alter von 1–4 Jahren ca. 1.100 kcal benötigen und von 4–7 Jahren ca. 1.500 kcal. Vermitteln Sie den Kindern die Energiewerte der Nahrung, und machen Sie bildhaft klar, wovon man viel und wovon man wenig essen sollte.

OBST – VITAMINBOMBEN UND MAGISCHE HEILER

Vitamine kann der menschliche Körper in der Regel nicht selbst bilden und meist auch nicht lange speichern. Der Mensch muss also jeden Tag die richtige Dosis Vitamine zu sich nehmen, damit diese ihre wichtigen Aufgaben im Kör-

per erfüllen können, wie unsere Sehkraft stärken oder unser Gehirn wach und fit zu halten. Vitamine fungieren als Regler- und Schutzstoffe im menschlichen Organismus.

Ebenso wichtig, aber noch eher unerforscht sind die sekundären Pflanzenstoffe. Das sind chemische Verbindungen, die in der Pflanze bestimmte Schutzmechanismen ausüben. Das tun sie nach Verzehr auch in unserem Organismus: Phenole wirken antibakteriell, Lykopine krebsvorbeugend und schwefelhaltige Verbindungen gefäßschützend. Mehrere 10.000 bioaktive Inhaltsstoffe sind bisher bekannt. Sie finden sich in allen pflanzlichen Lebensmitteln, in Obst, Gemüse, Getreide, Tee oder Gewürzen. Die Natur bietet uns also das beste »functional food«.

Gerade im Bereich der Frühstückslebensmittel aus der Industrie wird viel mit den besonderen Funktionen der Nahrung geworben. Würde ein Apfel ein ähnliches Marketing bekommen, wie so manches Müsli oder Milchprodukt, wäre er wohl der mit Abstand erfolgreichste Snack aller Zeiten. Obst und Gemüse sind das Original – Industrieware ist die schlechte Kopie.

5-AM-TAG-REGEL

5-mal am Tag Obst und Gemüse –
so viel, wie in die eigene Hand passt:
2-mal Obst, 3-mal Gemüse.

Diese Regel ist einfach. Vor jeder Mahlzeit kann sie wiederholt werden und die Kinder können den Gemüse- oder Obstanteil in ihrer Speise benennen.

WAS IST ENERGIE?

Hintergrund Nachhaltigkeit

Schon gewusst? Mit der Energie einer Tafel Schokolade können wir 2,4 Std. zügig Radfahren.

Im ersten Teil des Kapitels haben wir uns mit verschiedenen Nährstoffen beschäftigt. Nährstoffe liefern unserem Körper die Energie. Was ist eigentlich Energie? Wie kann es sein, dass wir Müsli und elektrischen Strom als Energie bezeichnen?

Energie ist nach Max Planck die Fähigkeit, Wirkung zu erzielen. Mit Strom kann eine Waschmaschine Wasser pumpen und Wasser warm machen. Mit Müsli im Bauch kann ich meine Betriebstemperatur halten, springen oder nachdenken.

Energie ist da, wo sich Dinge verändern, wärmer oder kälter werden, sich bewegen oder wachsen. An was denken Sie, wenn Sie das Wort »Energie« hören? Es gibt sehr verschiedene Arten der Energie und auch Ideen, sie einzuteilen. Das Müsli wird beispielsweise zusammen mit Kohle oder Erdöl als chemische Energie bezeichnet. Außerdem gibt es beispielsweise elektrische, thermische oder mechanische Energie. Wir können sie aber auch anders einteilen, zum Beispiel danach, wie stark sie verändert wurde, oder ob wir sie sofort nutzen können. Fallen Ihnen noch andere Energiearten ein?

ENERGIE SO GUT NUTZEN, WIE ES GEHT!

Nun gibt es ein Problem mit der Energie. Wir können sie schlecht aufbewahren. Die Kaffeetasse ist schnell kalt, der Flummi springt nicht in die gleiche Höhe, aus der wir ihn haben fallen lassen. Und immer, wenn wir Energie umwandeln, wird ein Teil zu etwas, was wir nicht brauchen. Meistens entsteht Wärme als »Abfall«. Da wir Energie nicht einfach »zurückverwandeln« können, verbrauchen wir chemische Energieträger, wie Kohle, Öl oder Gas. Die gehen aber irgendwann zur Neige. Außerdem entsteht durch die Verbrennung der fossilen Ressourcen Kohlendioxid, das als Treibhausgas wirkt und den Klimawandel verursacht. Daher ist es sinnvoll, Energie, die uns zur Verfügung steht, so gut wie möglich zu nutzen und so wenig wie möglich zu verschwenden. Oft glauben Menschen, dass ihr persönliches Handeln keinen Einfluss hat. Aber rund ein Viertel der Endenergie in Deutschland wird in privaten Haushalten verbraucht. Da sind Mobilität oder Konsum noch nicht mitgerechnet. Wir wissen oft nicht, wie viel Energie wir für welchen Bereich des Lebens verbrauchen, und damit auch nicht, wo wir wirklich viel einsparen könnten. Beim Heizen lässt sich beispielsweise viel mehr Energie sparen als beim Licht. Wenn ich mit dem Auto zum Bioladen fahre, bringt das nichts. Da ist es für meine Energiebilanz besser, mit dem Fahrrad zum nächsten konventionellen Supermarkt zu fahren.

ENERGIE AUF FELDERN

In der Ernährung interessiert uns die Energie, die auf unseren Feldern wächst und die wir essen können. Es wächst aber auch immer etwas auf Feldern, was wir nicht zum Essen nutzen. Beispielsweise nutzen wir Lein, Hanf oder Baumwolle für Kleidung. Aktuell suchen wir nach erneuerbaren Alternativen zu den schrumpfenden Erdöl- oder Gasvorkommen. Das kann Energie von den Feldern sein, das Öl aus Raps oder das Gas aus Mais. Inzwischen wird in Deutschland fast so viel Mais angebaut wie Weizen. Somit ist der Anbau von Energiepflanzen ein wesentlicher Faktor in der Landwirtschaft geworden, der Auswirkungen auf Ökosysteme und Biodiversität hat. Rapsöl schmeckt gut, ist gesund und wir können mit ihm Autofahren. So entsteht eine Konkurrenz der Nahrungsproduktion und der Energieversorgung. Wir brauchen aber beides. Und eigentlich könnten wir beides haben. Wir müssen nur sparsam damit umgehen. Für Individualverkehr, bei dem ein Auto nur einen Menschen transportiert, reichen die Ressourcen nicht aus. Wir müssen andere Lösungen finden. Einen erheblichen Energieverbrauch haben die industrielle Landwirtschaft und die industrielle Lebensmittelproduktion. In der ökologischen Landwirtschaft wird auf Zügelung des Energieverbrauchs und Erhalt der Ressourcen geachtet. Unter anderem verzichtet man auf die energieintensiv produzierten Mineraldünger, die in der konventionellen Landwirtschaft benutzt werden. Mit dem bevorzugten Kauf von ökologischen Lebensmitteln senken Sie die Energiebilanz.

NACHGEMACHT!
Tipps und Anregungen

Am meisten Treibhausgase produzieren wir durch unseren Konsum, gefolgt von Mobilität, Heizung, Ernährung und elektrischem Strom. Daher die Tipps in dieser Reihenfolge:

— **Konsum:** Jeder kennt das: Kinder stehen mit großen Augen in Supermärkten oder Spielzeugläden. Jede Familie hat ihre eigenen Spielregeln für dieses Problem. Gehen Sie es spielerisch an: Initiieren Sie einen spielzeugfreien Tag, machen Sie eine Tauschparty, bei der alle das mitbringen, was sie nicht mögen – und hemmungslos Dinge mitnehmen können.

— **Mobilität:** Durch den zunehmenden Individualverkehr kennen die meisten Kinder ihre Umgebung kaum noch. Unternehmen Sie Spaziergänge, fahren Sie Fahrrad oder probieren Sie andere Arten der Fortbewegung aus. Es gibt viele Initiativen, bei denen sich Eltern auf den Wegen zur Schule oder Kita abwechseln, nehmen Sie teil beim Aktionstag »Zu Fuß zur Schule und Kita«.

— **Heizung:** Stellen oder hängen Sie nichts vor Heizkörper, denn die Wärme kann dann nicht abgeführt werden. Keine Kippbelüftung, sondern lieber kurzes Stoßlüften. Isolieren Sie Heizungsrohre und, wenn Sie Eigentümer sind, Ihr Gebäude. Ziehen Sie sich im Winter wärmer an als im Sommer, und versuchen Sie, die Temperatur auf ca. 20 °C zu regeln. Temperaturen können mit Thermometern mit aufgemalter Farbskala auch schon von jungen Kindern kontrolliert werden.

— **Ernährung:** Essen Sie mehr pflanzliche als tierische Produkte, denn tierische brauchen bei der Produktion mehr Energie, und Tiere produzieren selbst Treibhausgase. Kaufen Sie möglichst unverpackte Produkte und essen Sie wenig verarbeitete und eher Bioprodukte. Achten Sie auf Regionalität und essen Sie die Dinge, die gerade um Sie wachsen. Importprodukte sollten eher Schiff gefahren als geflogen sein.

— **Strom:** Es gibt sehr viele Tipps zum Stromsparen: Waschmaschine voll beladen und niedrige Waschtemperatur wählen, Deckel auf die Töpfe beim Kochen, ohne Vorheizen backen, Wäscheständer statt Wäschetrockner benutzen, Stand-by abschalten und Extrakühlgeräte stilllegen, Diodenlampen nutzen.

SPIELWIESE

Spiele und Experimente

ENERGIE FÜHLEN

Energie und Energieumwandlung erfährt man am besten an sich selbst. Kinder können fühlen, wie warm sie sind, indem sie sich am Hals oder unter den Achseln anfassen. Energieumwandlung von Bewegung in Wärme können sie fühlen, wenn sie nach Hüpfen, Rennen oder Händereiben noch mal die Temperatur überprüfen.

Sie können Bilder betrachten und überlegen, was auf dem Bild mit Energie zu tun hat, zum Beispiel auf dem Foto unten rechts. Wo können wir Energie sehen, spüren oder hören? Sie können Energie einteilen, beispielsweise in Licht, Geräusche, Bewegung oder Wärme.

Wichtig ist, zum Denken und Diskutieren anzuregen, ohne richtige oder falsche Lösungen finden zu wollen. Es geht darum, Dinge von unterschiedlichen Seiten zu betrachten. Der Strom aus der Steckdose kann in einem Quirl in Bewegung, in einem Radio zu Geräuschen, in einem Wasserkocher zu Wärme oder einer Lampe zu Licht umgewandelt werden.

ENERGIEDETEKTIVE

Die Energiedetektive sind ein beliebtes Grundschul- oder Kindergartenprojekt. Kinder erforschen gemeinsam, wo überall in der Einrichtung Energie von außen gebraucht wird. Sie gucken, was mit Strom läuft, wie die Wärme ins Haus kommt und auch dass Wasser mit Energie ins Haus geleitet wird und Energie in Form von Abfall das Gebäude wieder verlässt. Eine Idee, um das herauszufinden, ist der »Tag ohne Strom«, bei dem beispielsweise die Hauptsicherung rausgedreht wird (wenn es die Möglichkeit gibt), damit ganz klar wird, wo Strom überall gebraucht wird.

Dann wird überlegt, ob es Möglichkeiten gibt, Energie zu sparen. Lustige und sinnige, aufwendige und einfache Ideen werden hier zur Diskussion gestellt. Dann wird überlegt, wie sie umsetzbar und zu überprüfen sind, und Zuständigkeiten festgelegt. Wichtige Geräte dazu sind Thermometer, die mit Farbskala abgelesen werden können.

MIR GEHT EIN LICHT AUF!

Energie vom Feld kann als Nahrung in unserem Körper oder als Benzin in Autos verbrannt werden. Wie kann das sein? Ein Experiment mit Rapsöl macht das deutlich. Sie können einen Salat mit einem Dressing aus Rapsöl verfeinern oder Rapsöl in einer Öllampe verbrennen. Dazu brauchen Sie ein Schraubglas, einen Docht, Schere, Rapsöl, Feuerzeug, Handtuch oder Küchenrolle. Machen Sie mithilfe der Schere ein Loch in den Deckel des Glases und fädeln Sie den Docht hindurch. Füllen Sie das Glas mit Rapsöl und drehen Sie den Deckel wieder auf das Glas. Drehen Sie das Glas vorsichtig um, damit sich der Docht mit Öl vollsaugt, und drehen Sie das Glas dann wieder um. Zünden Sie den Docht an und genießen Sie Ihre Rapskerze.

OBST ANBAUEN

Die beste Methode, nachhaltiges und günstiges Obst zu bekommen, ist der Eigenanbau. Dafür kann man den Ziergarten ums Haus in einen Nutzgarten verwandeln. Selbst auf kleinsten Flächen findet sich noch Platz für ein paar Beerensträucher. Wer ganz sichergehen will, lässt sich bezüglich der Bodenbeschaffenheit vorher kurz vom Gärtner beraten. Wer gar keine Grünflächen hat, kann auf dem Bal-

kon oder am Fenster Erdbeeren in Hängeampeln oder mit dem Window-Gardening-Verfahren anbauen. Auch eine Streuobstwiese ist ein tolles Projekt, bei dem Kinder Verantwortung übernehmen, Tiere und Pflanzen beobachten und Lebensmittel produzieren können.

OBSTKERNE AUSSÄEN

Machen Sie es sich zur Gewohnheit, beim Kochen mit Kindern Samen und Kerne des verarbeiteten Obstes einzupflanzen. Hierfür kann Verpackungsmüll wie Joghurtbecher oder Tetrapacks o. Ä. benutzt werden. Idealer Ort für die Aussaaten ist natürlich ein Gewächshaus, es geht aber auch auf der Fensterbank mit Plastikhütchen aus Gefrierbeuteln, die man auf Holzstäbchen setzen kann (Luftlöcher nicht vergessen) oder in unserem Minigewächshaus (siehe S. 60). Dabei kön-

nen die Kinder auch beobachten, wie die Hybridsorten aus der herkömmlichen Landwirtschaft reagieren. Diese Samen können sich nicht durch Anbau vermehren. Meist treiben sie gar nicht aus, oder es entstehen kümmerliche, fruchtlose Pflanzen. Mit dieser Methode ziehen Sie sich einen bunten Dschungel an Pflanzen, und wenn es zu viele werden, dann organisieren Sie doch einen Pflanzenflohmarkt für die Nachbarschaft.

APFELLABOR

Wie Vitamin-C-reich eine Apfelsorte ist, können die Kinder leicht selbst testen. Hierzu brauchen Sie zwei Äpfel verschiedener Sorten. Am besten einen mit sehr viel Vitamin C, wie die alte Sorte Ananasrenette (20mg/100g). Wenig Vitamin C hat z. B. der Granny Smith (4 mg/100g). Nun wer-

APFEL

Lebensmittel des Tages

Unsere heimischen Äpfel stammen vom asiatischen Wildapfel ab. Alexander der Große kannte die erfrischende Frucht von seinen Feldzügen in Persien und ließ die ersten Apfelbäume in Griechenland anpflanzen, so gelangte der Apfel auch zu uns.

Anbau

Pflanzengattung der Kernobstgewächse, Familie der Rosengewächse.

Weltweit vermutet man rund 20.000 Sorten.

Wächst in den gemäßigten Breiten.

Wächst an Bäumen, die bis 10 m hoch werden.

Anbau ideal auf Streuobstwiesen.

Erntezeit: Ende Juli bis Oktober.

Größte Stärke

Über 300 wertvolle Pflanzenstoffe: organische Säuren, Gerbstoffe, ätherische Öle, Flavone – ein unschätzbar wertvoller Gesundheitscocktail! 70 % der Inhaltsstoffe sitzen in oder direkt unter der Schale, deshalb mitessen!

den die Äpfel in Hälften geschnitten und etwa 30 Minuten an der Luft offen stehen gelassen. Jetzt können Sie zusammen mit den Kindern das Experiment auswerten. Ist der Apfel sehr braun, hat er wenig Vitamin C. Nach dem Versuch geben Sie je eine Apfelhälfte in eine durchsichtige Plastikfolie, die anderen Hälften stellen Sie offen aufs Fensterbrett. Beobachten Sie mit den Kindern die unterschiedlichen Prozesse der Äpfel. Sie können diesen Versuch auch sehr gut mit einem herkömmlich produzierten Apfel und einem Bioapfel machen. Meist verdirbt nicht ökologisch erzeugtes Obst und Gemüse erschreckend langsam bis gar nicht.

APFELFEST

Natürlich sollte dieses Fest zur Apfelernte stattfinden. Schön wäre, wenn Sie mit den Kindern auch Äpfel ernten würden, entweder natürlich im eigenen Garten oder auf der Streuobstwiese in der Nähe. Vielleicht feiern Sie ja auch die Ankunft Ihres eigenen Apfelsaftes? Basteln Sie im Vorfeld mit den Kindern Apfeldekorationen und setzen Sie überall Äpfel in Szene.

IDEEN FÜRS APFELFEST

Kulinarisches: Apfelsorten-Verkostung, Apfelkuchen-Variationen, Apfel am Stiel in Schokolade, Apfelbar mit Apfelschorle und Verkostung von Apfelsäften, hausgemachter Apfelschalentee.

Apfel-Spielereien: Einen Apfel mit dem Mund aus einem Wasserbottich fischen, mehrere Äpfel an einer Schnur aufhängen und mit verbundenen Augen versuchen reinzubeißen, alte Sorten Apfelkerne in Töpfchen auspflanzen zum mit-nach-Hause-nehmen, feierlich einen Apfelbaum einpflanzen.

ZEIT FÜRS PAUSENBROT – GETREIDE

Hier erfahren Sie nicht nur, was auf das Pausenbrot gehört, sondern auch, was man mit Getreide sonst noch alles kochen und backen kann. Dabei interessiert uns natürlich auch, wie nachhaltig unser Brot ist.

SCHWARZ-WEISS-SCHNITTE

Rezept und Resteverwertung

Geeignet für: Pausenbrot, Abendbrot
Schwierigkeitsgrad: leicht

Frühling	Sommer	Herbst	Winter
1 feines Dinkelvollkornbrot	1 Dinkelfladenbrot	6 Dinkelbrötchen	1 Dinkelkastenbrot
1 Pumpernickel	1 Vollkornbrot mit Kürbiskernen	1 Malzvollkornbrot	1 Vollkornbrot mit Sonnenblumenkernen
12 Scheiben Putenbrust	24 Scheiben Schafskäse	12 Scheiben Bündner Fleisch (Trockenfleisch vom Rind)	12 Scheiben Roastbeef
12 Scheiben Butterkäse		12 Scheiben Bergkäse	200 g Frischkäse
1 Kohlrabi	6 Paprika	2 Fenchel	1 Rettich
12 Radieschen	1 Gurke	6 Tomaten	100 g Feldsalat
1 Becher Schmant oder 6 EL Tomatenmark	1 Becher Schmant oder 6 EL Tomatenmark	1 Becher Schmant oder 6 EL Tomatenmark	1 Becher Schmant oder 6 EL Tomatenmark
Salz	Salz	Salz	Salz

Und so geht's:

1. Brote zunächst in dünne Scheiben schneiden, Brötchen halbieren. Achten Sie beim Broteinkauf und auch beim Schnitt darauf, dass die Formen der Brote ähnlich sind.
2. Alle Scheiben und Brötchenteile mit Schmant (oder mit Tomatenmark) bestreichen und leicht salzen.
3. Gemüse waschen und in dünne Scheiben schneiden. Beim Fenchel vom Strunk her Scheiben schneiden, wenn er etwas zerfällt, einfach auf dem Brot wieder »zusammenbauen«.
4. Nun geht's ans Belegen: Auflagescheibe ist immer das dunklere Brot. Darauf legt man zunächst je nach Zutaten eine Scheibe Wurst, dann eine Schicht Gemüse, dann eine Schicht Käse und zuletzt wieder Gemüse, bevor die helle Brotscheibe aufgelegt wird.
5. Wer seine Schnitte fixieren will, sticht in der Mitte ein Holzstäbchen durch.
6. Stellen Sie mit Kindern möglichst fertige Schnitten für alle her und essen Sie sie danach gemeinsam.

ALLES MUSS WEG!

❋ Semmelknödel. Sammeln Sie in Würfel geschnittenes altes Brot und Brötchen in einer Blechdose. Wenn Sie genug zusammenhaben, kann es Knödel geben. 500 g Brotwürfelchen werden mit ca. 300 ml lauwarmer Milch übergossen und eingeweicht, die Milch vorsichtig eingießen und das Brot nicht schwimmen lassen. Das Brot soll weich werden, aber nicht zerfallen. Wenn es sehr hart ist, kann das eine Weile dauern. In der Zwischenzeit wird eine Zwiebel sehr fein gehackt und in 1 EL Butter angeschwitzt. 2–3 EL gehackte Petersilie hinzugeben, kurz anschwitzen und die Mischung vom Herd nehmen. Nun 3 Eier und ½ TL Salz zu den Würfeln geben und alles mit den Händen durchkneten. Dabei auch die Zwiebel-Petersilien-Mischung einarbeiten. Das macht den Kindern einen Riesenspaß. Der Teig soll in dicken Brocken an den Händen kleben bleiben, dann ist er fertig. Formen Sie nun Klöße und lassen Sie diese in siedendem Salzwasser ca. 20 Minuten köcheln.

❋ Brotkrokant. Dunkles, sehr kerniges Vollkornbrot, vor allem Pumpernickel, ist ein Überraschungseffekt im nächsten Dessert, Müsli oder Quark: Zerbröseln Sie das Brot gut und rösten Sie es in einer Pfanne leicht an. Dann streuen Sie Rohrzucker darüber und lassen das Brot karamellisieren. Jetzt geben Sie das Ganze auf ein mit Backpapier ausgelegtes Backblech und lassen es erkalten. Der »Brotkrokant« eignet sich besonders für süße Schichtspeisen und kann wie beim Tiramisu mit Fruchtsaft getränkt werden.

❋ Brotsalat. Eher helles und hart gewordenes Brot macht sich gut in Brotsalaten. Hier eine Sommervariante: Schneiden Sie Tomaten, Fenchel, Orangen, Gurke und Paprika in mundgerechte Stücke. Dann stellen Sie eine Vinaigrette aus Fruchtsaft, Balsamico und Walnussöl her und rühren gehackte rote Zwiebeln und Kräuter unter. Darin die Brotwürfel mit dem Gemüse und der Salatsoße vermengen. Kurz durchziehen lassen.

KOCHEN MIT GETREIDE

Nachhaltige Küchenpraxis

Getreide spielt in einer vollwertigen, nachhaltigen Küche eine zentrale Rolle. Nicht nur weil Brot und Getreide zu unseren Grundnahrungsmitteln gehören, sondern auch, weil Getreide ein regionales Produkt sein kann, das sich vielseitig verarbeiten lässt. Getreide nach Bedarf frisch zu mahlen spart bei der Energiebilanz weitere industrielle Verarbeitungsvorgänge ein: Mahlen, Abfüllen, Lagern. Wer auf industrielles Mehl verzichtet, vermeidet auch, dass das Mehl mit Produktionsstoffen gegen Schimmel und das Ranzigwerden behandelt wurde. Zudem ist dieses Mehl vollwertig. Alle Nährstoffe und bioaktiven Stoffe bleiben in frischem Mehl aus dem vollen Korn weitgehend erhalten. Das Kernige des Vollkornmehls wollen manche vor allem beim süßen Backen lieber umgehen. Das können Sie steuern, indem Sie das Getreide sehr fein mahlen. So bekommt Ihr Gebäck auch eine feinere Krume. Für Kinder, die Vollkorn nicht so gerne mögen, ist ein solch fein gemahlenes Brot eine gute Einstiegshilfe in die vollwertige Ernährung. Es lohnt sich durchaus, etwas mehr Geld auszugeben und eine Mühle zu kaufen, in der eine Quetsche integriert ist, damit Sie aus dem puren Korn auch selbst Flocken fürs Müsli herstellen können.

Ein nachhaltiger Koch hat immer in der trockenen, kühlen Speisekammer verschiedene Getreidesorten im ganzen Korn auf Lager. Für Familien und Kleingruppen reichen sicherlich kleine Gebinde in Papiertüten aus; sind diese luftdurchlässig, kann das Getreide darin lagern. Größere Gruppen und Schulen werden ihr Getreide eher in Säcken einkaufen, und die hängt man im Trockenlagerraum auf.

BROT BACKEN

Es geht nichts über den herrlichen Duft und Geschmack von frisch gebackenem Brot. Schenken Sie den Kindern damit eine unvergessliche Erinnerung. Brot backen ist einfach, aber beeindruckend. Hier ein einfaches Brotrezept, mit dem man auch wunderbar kreativ werden kann:

1 kg Dinkelvollkornmehl, frisch fein gemahlen, in eine große breite Schüssel sieben, eine Mulde hineindrücken und 1 gehäuften EL Salz darüber verteilen. Nun 680 ml lauwarmes Wasser in die Mulde gießen und 60 g frische Hefe, sowie ½ TL Honig mit den Fingern darin verquirlen und auflösen. Kurz 5 min ruhen lassen. Nun das Mehl vom Rand weg mit der Flüssigkeit verarbeiten und allmählich gut verkneten. Dann den Teig abdecken und an einem warmen Ort ruhen lassen, bis sich der Teig verdoppelt hat. Wiederum durchkneten und 2 schöne Laibe aus dem Teig formen. Auf ein Backblech mit Backtrennpapier legen und bei 230 °C Ober- und Unterhitze backen. Auf den Boden des Backofens einen Topf mit heißem Wasser stellen. 20 Minuten backen, dann den Ofen auf 180 °C runterdrehen und weitere 50 Minuten backen.

Sie können diesem Grundteig vieles hinzufügen: getrocknete Kräuter, Sonnenblumenkerne, Leinsamen, Nüsse, 1 geriebenen Apfel, 2–3 geraspelte Möhren oder Röstzwiebeln. Aus diesem Teig kann man auch Brötchen formen und diese backen. Hier verkürzt sich die Backzeit um ca. 15 min. Außerdem lässt sich der Teig auch als Pizzateig einsetzen. Vielleicht erfinden Sie mit den Kindern eine regionale Spezialpizza auf Brotteig?

HEIMISCHES GETREIDE – DIE ALTERNATIVE ZUM REIS

Getreidekörner sind die idealen Begleiter für jedes Gericht, in dem normalerweise Reis auftauchen würde. Als Beilage, pur mit etwas Butter, eignen sich nahezu alle Getreidesorten.
Ein vollwertiger und nachhaltiger Genuss ist ein **Risotto mit Graupen.** Verarbeiten Sie die Graupen ebenso wie Risottoreis, nur garen Sie es etwas länger. Graupen erzeugen eine gute Cremigkeit, da sie auch verhältnismäßig viel Stärke abgeben. Für ein Risotto werden die Graupen auch zusammen mit Zwiebeln in Öl angeschwitzt und von nun ab kellenweise mit Brühe abgelöscht und verrührt. Beständig rühren und nachgießen, bis zum Garpunkt (je nach Produkt 20–50 min). Nun die Graupen mit geriebenem Hartkäse und Butter verrühren. Für ein Spargel-Graupen-Risotto einfach Spargel schälen, in 2–5 cm lange Abschnitte schneiden und in Rapsöl scharf anbraten, salzen und mit einem Schuss Apfelessig ablöschen. Flüssigkeit verkochen lassen und dann den Spargel zusammen mit 1 EL gehacktem Estragon unter das Risotto mischen. Natürlich lässt sich auch jedes andere blanchierte oder gebratene Gemüse mit dem Graupenrisotto vereinen – je nach Saison!

GETREIDE BEREICHERT VIELE GERICHTE

Fertig gegartes Getreide peppt so manches Essen auf. Die Körner (die evtl. übrig geblieben sind) lassen sich mehrere Tage im Kühlschrank aufbewahren. Damit können Sie z. B. Salat, Rohkost oder Suppen überstreuen. Getreide ist auch eine Bereicherung für jeden Gemüseeintopf. Probieren Sie Pilzsuppe mit Roggen, Rote-Bete-Eintopf mit Gerste oder bunten Frühlingseintopf mit Grünkern. Sie können die Körner auch in die Masse von Bratlingen geben oder in einem Rührei verarbeiten. Aber auch bei süßen Gerichten wie Joghurtspeisen oder Obstsalat machen sich die ganzen, gegarten Körner gut. Unsere Ideen: Kirschquark mit Dinkel, Erdbeerjoghurt mit Weizen oder Obstsalat mit Hafer.

HIRSE

Hirse gilt als das älteste von den Menschen kultivierte Getreide. Seit der Steinzeit wurde in Deutschland Hirse (Kolben- und Rispenhirse) angebaut und hauptsächlich in Form von Hirsebrei gegessen. Ab dem 18. Jahrhundert wurde sie durch die Kartoffel und importierten Reis fast völlig verdrängt. Heute wird in Deutschland der Hirseanbau im ökologischen Landbau – speziell in Brandenburg – wiederbelebt. Hirse zeichnet sich durch ihren hohen Gehalt an Eisen und Kieselsäure aus. Für Menschen, die unter Zöliakie leiden, der Glutenunverträglichkeit, ist die Körnerfrucht eine gute Alternative, da Hirse glutenfrei ist.
Es lohnt sich, Hirsebrei selbst zuzubereiten und als nährstoffreiche Kindermahlzeit wieder einzuführen. Gerade Kindergartenkinder mögen gerne einen warmen Brei. Unsere Variante überzeugt mit Birnen und Walnüssen. Dafür 75 g Hirse heiß waschen und in 225 ml Wasser 10 min lang gar kochen. Dann 15 min zum Ausquellen beiseite stellen. Inzwischen 150 g Dickmilch (oder Naturjoghurt) mit 1 EL Honig und 2 Messerspitzen Zimt verrühren und unter die Hirse heben. Eine Birne in mundgerechte Stücke schneiden und mit 20 g gehackten Walnüssen auf dem Brei anrichten.

HAFER-PORRIDGE

Ein Brei-Klassiker ist der zu Unrecht verrufene britische Porridge. Damit der Porridge schmeckt, sollte geschroteter Hafer verarbeitet werden, nicht die Haferflocken, das ergibt dann nämlich die unbeliebte »Pampe«. Für Porridge kochen Sie 1 Liter Milch auf und garen darin 100 g groben Haferschrot, ca. 20 min lang. Wichtig ist dabei eine Prise Salz. Servieren Sie den Porridge mit einem Kompott aus Trockenfrüchten. Hafer versorgt uns lange mit Energie und hält satt.

GETREIDE – GRUNDLAGE UNSERER NAHRUNG

Hintergrund Ernährung

Getreideprodukte begleiten die menschliche Ernährung bereits seit vielen Tausend Jahren. Zunächst wurde das Korn zum Kochen von Grütze oder Brei verwendet. Später begann man, das Mehl zu Fladen zu verbacken, wie es auch heute noch in vielen Kulturen der Welt üblich ist. Seit dem Einsatz von Hefe oder Sauerteig, die den Teig aufgehen lassen und locker machen, hat sich hierzulande eine große Brotvielfalt entwickelt. Heute kann man unter mehr als 500 Brotsorten auswählen.

Deutschland ist beim Brotverbrauch europäischer Spitzenreiter. Wir Deutschen essen durchschnittlich im Jahr rund 85 kg Brot und Brötchen.

VOLLKORN – VOLLWERT – VOLLE GESUNDHEIT!

Getreideprodukte sind Hauptquellen für Kohlenhydrate, die unserem Körper Energie liefern. Am besten aus der Kraft des vollen Korns! Die wertgebenden Nährstoffe befinden sich vor allem in den Randschichten des Getreidekorns, weshalb der regelmäßige Verzehr von Vollkornprodukten empfehlenswert ist, da hier noch alle Nährstoffe des vollen Korns enthalten sind (Mehlkörper, Keim und Randschichten). Werden stärkehaltige Nahrungsmittel gegessen, zerlegen die Verdauungsenzyme die Glucoseketten der Stärke in einzelne Bausteine, die nach und nach in den Blutkreislauf übergehen. Es vergeht also eine gewisse Zeit, bis die Kohlenhydrate vollständig zerlegt und die Glucose-Bausteine aufgenommen werden. Bei Vollkornprodukten dauert dieser Prozess länger. Dadurch steigt der Blutzucker eher langsam an und die Sättigung hält länger an. Vollkornbrot weist gegenüber Weißbrot die 4- bis 5-fache Menge an Vitaminen und Mineralstoffen auf. Darüber hinaus ist Vollkornbrot reich an Vitamin B_1, Folsäure, Zink, Mangan und sekundären Pflanzenstoffen. Brot aus Vollkornmehl verfügt über einen hohen Anteil an Ballaststoffen. Ballaststoffe sind unverdauliche Pflanzenfasern, die die Darmtätigkeit anregen, Giftstoffe binden und durch Wasseraufnahme ein Sättigungsgefühl erzeugen. Wer ausreichend Ballaststoffe aus Vollkornprodukten zu sich nimmt, kann das Risiko für Herz-Kreislauf-Erkrankungen, Schlaganfall, Krebserkrankungen und Diabetes reduzieren. Zudem fördert das Kauen fester Krume gerade bei Kindern die Ausbildung des Kiefers und der Kaumuskulatur sowie die Zahngesundheit durch eine vermehrte Speichelbildung.

GETREIDEPFLANZEN – DIE WICHTIGSTEN ARTEN

Zu den einheimischen Kulturpflanzen in unseren Breitengraden gehören die Getreidearten Weizen, Gerste, Roggen und Hafer. Seit über 7.000 Jahren werden die genannten Getreidearten angebaut. Sie zählen zu den ältesten Kulturpflanzen der Welt. Das Getreidekorn ist die Frucht. Im Korn werden die organischen Nährstoffe Stärke und Eiweiß gespeichert. Eine Übersicht der wichtigsten Getreidearten finden Sie auf Seite 194. Die Getreidekörner werden beim Dreschen von der Ähre getrennt, gereinigt und dann zu Mehl vermahlen.

MEHL

Im Handel finden Sie Vollkornmehle und sogenannte Typenmehle. Die Einstufung des Mehls wird durch den Ausmahlungsgrad bestimmt. Bei der Herstellung von Typenmehl werden die Randschichten des Korns und der Keimling vom Mehlkörper getrennt und ausgesiebt. Typenmehle sind also keine Vollkornmehle und enthalten weniger Ballast- und Mineralstoffe. Die Typenzahlen unterscheiden sich je nach Getreidesorte. Generell gilt: Je niedriger die Zahl des Mehltyps ist, desto heller und feiner ist das Mehl. Für Dinkel und Weizen gelten die gleichen Typen: **Type 405**, auch Auszugsmehl genannt, eignet sich für feine Backwaren und zum Saucenbinden. **Type 550** und **Type 630** werden für helles Brot, Brötchen und Kleingebäck verwendet. Dunkles Gebäck und kräftige Brote werden mit **Type 812**, **Type 1050** oder **Type 1600** hergestellt, in diesen Mehlen ist noch ein Teil der Spelzen und des Keimlings enthalten.

UNSER TÄGLICH BROT

Hintergrund Nachhaltigkeit

Schon gewusst? Jeden Tag muss in Deutschland ein Bäckereifachbetrieb schließen. Ein Brot, das nachhaltig ist, muss gesund und umweltfreundlich sein. Und schließlich den Produzenten und den Konsumenten ernähren.

UMWELT IM BROT

Wann ist ein Brot umweltfreundlich? Ein großer Teil der Umweltrelevanz bei der Herstellung von Lebensmitteln wird durch den Energieverbrauch verursacht. Der regionale ökologische Landbau verbraucht weniger Energie. Obwohl Weizen das ist, was am meisten auf unseren Feldern wächst, haben wir 2011 282 Millionen Teigrohlinge für Brötchen aus China importiert. Generell arbeiten Brotfabriken energetisch am effektivsten, der lokale Bäcker kommt auf Platz zwei vor dem Backen zu Hause, der spaßigsten Variante.

BROT SOZIAL UND WIRTSCHAFTLICH

Bäcker war immer ein ambivalenter Beruf. Zwar sind Bäcker nie verhungert, was den Beruf noch bis in die 50er-Jahre hierzulande interessant machte, aber Arbeitszeiten, Staubbelastung, harte körperliche Arbeit und niedrige Gehälter fanden viele nicht attraktiv. Dennoch freuen sich Menschen an guten Backprodukten. Aber dieses Kulturgut geht verloren – durch Backmischungen und Backfabriken werden die Produkte einheitlicher, billiger und wertloser. Viele Bäckereibetriebe müssen schließen. Die verbliebenen Betriebe werden größer und setzen mehr um. Etwas Ähnliches gilt übrigens für Mühlen – hier mahlen 7,5 Prozent der deutschen Mühlen 62 Prozent der Getreide. Was wissen Sie über Ihre Bäckerinnen und Bäcker? Kommen Sie in Kontakt und tauschen Sie sich aus! Vielleicht können Sie auch eine Backstube besichtigen?

UND WAS KOMMT IN DAS BROT?

In Deutschland wird viel Weizenbrot gegessen. Dank der industrialisierten Landwirtschaft ist der Ertrag bei Winterweizen von 1950 bis heute von drei auf acht Tonnen pro Hektar gestiegen. Die Intensivierung in der Landwirtschaft hat dazu geführt, dass wir mehr Menschen ernähren können. Das ist gut, der Preis dafür ist allerdings hoch. Wir bauen in Monokulturen an, müssen Dünger einsetzen und Pestizide. Oft müssen Felder be- oder entwässert werden. Bauern nutzen kein selbst produziertes Saatgut, sondern Hochleistungssorten, die von Großkonzernen angeboten werden.

Wo liegt das Problem beim Düngen? Pflanzen brauchen neben Sonne und Wasser auch Nährstoffe. Weil in der konventionellen Landwirtschaft schnell hintereinander Ähnliches angebaut wird, müssen Nährstoffe zugeführt werden. Wird zu viel gedüngt, besteht die Gefahr, dass Düngemittel ins Grundwasser geraten und Reste in den Pflanzen zu finden sind. Das gilt vor allem für Nitrat, das zwar für ein gutes Pflanzenwachstum sorgt, für Säuglinge und Kleinkinder aber gesundheitsschädlich ist.

Wieso sind Pestizide bedenklich? Der Einsatz von Pestiziden schadet auch den Nützlingen und damit der biologischen Vielfalt (siehe Kapitel 1). Pestizide sind Gifte und sie kommen in Kontakt mit unseren Lebensmitteln. Da sich Schädlinge anpassen, müssen immer neue Pestizide entwickelt werden. Für den Verzehr von Lebensmitteln dürfen Pestizide nicht giftig oder krebsauslösend sein. Das gilt nicht für den direkten Kontakt mit Pestiziden. So klagen Menschen, die in der Landwirtschaft arbeiten, sehr wohl über Vergiftungssymptome und ihre Krebshäufigkeit ist erhöht.

Wir greifen mit unserer Landnutzung in die natürliche Vegetation ein. Wir legen Moore trocken oder bewässern Steppen. Langfristig verursacht das Katastrophen, wie am Aralsee sichtbar wurde, der einst einer der größten Binnenseen der Welt war und durch die Bewässerung beim Baumwollanbau fast vollständig verschwand.

Warum ist gekauftes Saatgut ein Problem? Der Weg des Getreides war früher lokal. Die Bäuerin oder der Bauer legte einen Teil der Ernte für die Aussaat im nächsten Jahr zurück. Heute ist das anders. Saatgut wird beim Händler gekauft, weil es produktiver ist als das eigene. Das liegt daran, dass beliebte Eigenschaften von unterschiedlichen Sorten in einer Pflanze durch Kreuzung zusammengefasst werden. Beispielsweise eine Sorte Weizen mit großen Ähren und eine Sorte, die besonders robust gegen Gelbrost ist. Es kann mehr geerntet werden als zuvor. Die Bauern haben wegen der großen Ernte nun hoffentlich das Geld, sich das Saatgut im nächsten Jahr wieder zu kaufen, denn das müssen sie. Diese Hochleistungssorten können nicht vermehrt werden. Sie verlieren ihre guten Eigenschaften in der nächsten Generation. Das macht die Bauern abhängig von den Saatguthändlern.

WAS ALSO TUN?

Die ökologische Landwirtschaft bietet für die meisten der genannten Probleme einen Ausweg. Kriterien für Biolebensmittel sind: Anwendung der Gentechnik ist verboten, auf chemisch-synthetische Pflanzenschutzmittel und mineralische Stickstoffdünger wird verzichtet und das Saatgut vieler Sorten kann selbst vermehrt werden. Artge-

rechte Tierhaltung muss ebenfalls gegeben sein. Die Futtermittel sollen im Betrieb selbst erzeugt werden, die Verwendung einer begrenzten Anzahl nicht ökologisch erzeugter Futtermittel ist zugelassen. Die Zugabe wachstumsfördernder Stoffe oder die Veränderung des Reproduktionszyklus der Tiere sind verboten. Zur Behandlung von Erkrankungen der Tiere sind pflanzliche oder homöopathische Arzneimittel vorzuziehen. Bei verarbeiteten Produkten müssen die Zutaten zu 95 Prozent aus dem ökologischen Landbau stammen.

Auf diesen Produkten darf »Bio« nach EU-Verordnung draufstehen. Diese Kriterien gelten auch für importierte Produkte. Bioprodukte sind teurer als konventionell Erzeugtes. Tatsächlich geben aber Menschen, die in Bioläden einkaufen und selbst kochen, weniger aus als diejenigen, die sich von Fertigprodukten ernähren. Das liegt an einem veränderten Lebensstil.

NACHGEMACHT!
Tipps und Anregungen

 ————————————————

— Besuchen Sie mit Kindern Bäckereien. Vielleicht gibt es auch Mühlen in Ihrer Umgebung.

— Suchen Sie zusammen mit Kindern nach Biolabeln im Supermarkt. Was können Sie dort bereits »bio« einkaufen?

— Gehen Sie in den Bioladen und studieren Sie die Produkte. Welche können Sie sich vorstellen zu verwenden? Probieren Sie etwas aus, das Sie noch nicht kennen.

— Apps helfen beim Einkauf! Damit können Sie schon im Laden prüfen, was in Ihrem Produkt steckt!

SPIELWIESE

Spiele und Experimente

DIE BROTSPIONE

Finden Sie zusammen mit den Kindern heraus, woher Ihr Brot kommt! Versuchen Sie, den Weg von der Brotpackung im Supermarkt über den Bäcker und die Mühle zum Feld zu finden. Oder verfolgen Sie den Weg andersherum – Achtung: Hierzu muss Erntezeit (für Weizen Hochsommer) sein! Gehen Sie zusammen mit einem Bauern auf ein Getreidefeld. Ernten Sie und probieren Sie die Körner. Lassen Sie sich den Mähdrescher erklären und geerntetes Getreide zeigen. Vielleicht können Sie die Arbeit des Mähdreschers nachspielen? Danach können Sie die Körner mahlen und Brot backen.

SÜSSES ENTDECKEN!

Kohlenhydrate und Stärke werden beim Kauen und im Verdauungsprozess zu Zucker umgewandelt, und deshalb gibt es viele Lebensmittel, die beim Kauen süß schmecken. Lassen Sie die Kinder Süßes entdecken und finden, indem Sie sich auf das Kauen und die Geschmacksentwicklung dabei konzentrieren. Machen Sie hierzu eine Verkostung, bei der viele unterschiedliche stärkehaltige Lebensmittel daraufhin »untersucht« werden können. Verkosten Sie: Brot, am besten Vollkorn und feines Brot, dabei kann man beobachten, dass das Vollkornbrot etwas länger gekaut werden muss, bis es süßlich schmeckt. Möhren, Pastinaken, Steckrüben, gekochte ungesalzene Kartoffeln, gekochte Nudeln, rohe Getreidekörner, gekochte Hülsenfrüchte. Diesen stärkehaltigen Lebensmitteln können Sie ein paar nicht süße Lebensmittel hinzufügen, damit die Kinder einen Vergleich haben: Joghurt hat kaum Kohlenhydrate und schmeckt nicht süß, ebenso wenig Fleisch oder saure Früchte.

ASCHENPUTTEL

Im Märchen muss das arme Aschenputtel die Erbsen und Linsen aus der Asche lesen. Dabei helfen ihm die Täubchen. Lassen Sie Kinder die Tauben sein! Das Erkennen von Unterschieden im Kleinen, Sortieren und Zählen sind Basisfähigkeiten. Kinder üben sich gerne darin. Kaufen Sie unterschiedliche Getreidekörner und schütten Sie sie zusammen. Die Kinder beschreiben Unterschiede, vergleichen und trennen. Dazu können Sie das Märchen vorlesen. Mit unterschiedlichen Körnern können auch Bilder, Muster oder Reihen gelegt werden. Welche Reihe mit 10 Körnern ist länger – die vom Roggen oder die vom Hafer? Wie viele Körner brauche ich, um eine Reihe über den Tisch zu legen? Es können Schätzspiele gespielt oder die Körner gewogen werden.

WER ERNTEN WILL, MUSS SÄEN!

Projekt für den Spätwinter und das Frühjahr und den Frühsommer! Kaufen Sie unterschiedliche Samen, beispielsweise konventionelle Erbsen, Bioerbsen, Erbsensamentütchen, und lassen Sie sie keimen. Bauen Sie mit den Kindern ein kleines Gewächshaus und pflanzen Sie die Samen dort an. Messen Sie die Temperatur im Gewächshaus mit einem für Kinder ablesbaren Thermometer. Beobachten und beschreiben Sie die Pflanzen zusammen mit den Kindern. Führen Sie dazu ein Ritual ein, beispielsweise ist jeden Morgen ein anderes Kind zuständig oder jedes Kind kümmert sich um eine bestimmte Pflanze. Ein Pflanzentagebuch kann geführt werden. Machen Sie verschiedene Experimente (Pflanzen mit wenig oder viel Licht, wenig oder viel Wasser, mit Komposterde oder Sand).

STOCKBROT

Kein Brot schmeckt besser als das am Feuer selbst geba-ckene! Dafür 400 g Mehl in eine Schüssel geben, eine Mulde machen und 30 g Hefe zerbröselt mit 1 EL Honig in die Mulde geben. Mit 300 ml Milch zu einem Vorteig rühren und 10 min an einem warmen Ort gehen lassen. 5 TL Salz und 2 EL Öl zugeben und zu einem Teig verkneten. Den Teig an einem warmen Ort gehen lassen, anschließend nochmals kurz durchkneten. Sollte der Teig nicht fest genug sein, noch etwas Mehl darunterkneten, bis er fest genug ist. Nach Ge-schmack getrocknete Kräuter wie z. B. Thymian, Majoran, Oregano hinzugeben. Nun 15 cm lange Schlangen formen und spiralförmig um Stöcke von ungiftigen Bäumen wickeln (z. B. Haselnuss) und über der Glut eines Lagerfeuers 5 min

backen, bis der Teig leicht gebräunt ist. Nach dem Heraus-nehmen noch kurz auskühlen lassen, sodass sich die Kinder nicht am Teig verbrennen. Das Stockbrot kann direkt vom Stock gegessen werden. Tipp: Die Zweige am oberen Ende von der Rinde befreien, sodass die Rinde beim Backen nicht mehr verbrennen kann.

KNETE SELBST HERSTELLEN

Mehl aus Weizen, Roggen, Hafer, Dinkel und Gerste enthält das Getreideeiweiß Gluten (auch Klebereiweiß genannt). Der Kleber im Mehl hält beim Backen den Brotteig in Form. Diese Mehleigenschaft kann man auch nutzen, um natür-lichen Kleister herzustellen (dazu 1 EL Mehl mit rund 2 EL heißem Wasser vermengen und zu einem Kleister-Teig ver-

DINKEL
Lebensmittel des Tages

Dinkel zählt zu den Urgetreiden. In Mittel- und Westeuropa verbreitete sich der Dinkelanbau vor ca. 7.000 Jahren. Dinkel liefert mehr Eiweiß und wird oft besser vertragen als Weizen.

Anbau

Gattung: Süßgräser

Besser gegen äußere Einflüsse gewappnet als Weizen.

Aussaat: Anfang bis Mitte Oktober.

Boden: mittel bis schwer, tiefgründig, feucht.

Saat wird 3–4 cm in den Boden eingebracht.

Pflanze wächst 60–150 cm hoch.

Erntezeit: Ende Juli bis Ende August.

Größte Stärke

Da er auf steinigen Untergründen in höheren Lagen gut gedeiht, ist er reich an Mineralien wie Magnesium (Muskelfunktion, gegen Stress), Zink (Steigerung der Abwehrkraft), Eisen (Blutbildung) und Kie-selsäure (für Haut, Haare, Konzentrationsfähigkeit).

63

rühren) oder um eine wunderbar geschmeidige Knete her-zustellen. Neben der besseren Konsistenz gegenüber ge-kaufter Knete ist diese Variante günstig und ungiftig. Hierfür bringen Sie einen halben Liter Wasser zum Kochen und verrühren ihn mit 500 g Mehl, 200 g Salz, 3 EL Öl und

3 EL Zitronensäure. Den Teig gut durchkneten, bis er keine Klümpchen mehr hat. Wer es bunt mag, kann in den Teig Lebensmittelfarbe einarbeiten. Die Knete hält sich im Kühl-schrank in einer Plastiktüte verpackt ungefähr ein halbes Jahr.

DER GEMÜSE-GARTEN — ROHKOST

Gemüse ist ebenso vielfältig wie vielseitig.
Auf den nächsten Seiten finden Sie viele Anregungen
für eine kreative Gemüseküche. Ernten Sie mit Kindern
saisonales Gemüse beim Biobauern. Und wir fragen nach:
Warum ist »bio« eigentlich nachhaltiger?

ROHKOSTSPAGHETTI

Rezept und Resteverwertung

Geeignet für: Vorspeise, Beilage, zum Grillfest oder zum Abendbrot
Schwierigkeitsgrad: mittel

Frühling	Sommer	Herbst	Winter
1 Kohlrabi	2 Zucchini	1 Hokkaido oder	1 Sellerie
1 Bund Radieschen	1 Fenchel	½ großer Speisekürbis	1 Stange Lauch
2 Möhren	1 gelber Paprika	2 Petersilienwurzeln	2 Pastinaken
1 kleiner Apfel	1 Möhre	1 Möhre	2 feste Birnen
2 Tassen Sonnenblumenkerne	2 Tassen Mandeln	2 feste, süße Pflaumen	2 Tassen Kürbiskerne
		2 Tassen Cashewkerne	

KRÄUTERJOGHURT	TOMATENSALSA	FRUCHT-CURRY-SOSSE	FRISCHKÄSECREME
1 Becher Joghurt	2 große Tomaten	1 reifer Pfirsich, püriert	1 Becher Frischkäse
1 EL Apfeldicksaft	2 Knoblauchzehen	4 EL Curry	2 EL getrockneter Majoran
1 Bund Petersilie	2 EL Sanddornsaft	1 TL Honig	1 Msp. Zimt
Grün von Radieschen, Kohlrabi, Frühlingszwiebel	1 TL Honig	½ Bund glatte Petersilie	1 TL Birnendicksaft
3 EL Rapsöl	1 EL Tomatenmark	2 Zehen Knoblauch	1 Spritzer Berberitzensaft
1 EL Leinöl	1 Bund Basilikum	1 Spritzer Berberitzensaft	3 EL Rapsöl
Cayennepfeffer	3 EL Rapsöl	4 EL Rapsöl	1 EL Kürbiskernöl
Salz	1 EL Nussöl	Cayennepfeffer	Pfeffer, Salz
	Pfeffer, Salz	Salz	

Und so geht's:

1. Gemüse und Obst gut waschen und – wenn nötig – schälen. Alle Gemüse, die sich in einen Spaghettischneider einspannen lassen, werden damit zu länglichen Fäden verarbeitet.
2. Die restlichen Gemüse in feine lange Streifen schneiden, damit sie sich mit den Spaghetti mischen lassen.
3. Alle Rohkostzutaten vermengen, mit Sanddornsaft vor Bräunung schützen und leicht salzen.
4. Die Nüsse und Samen in der Küchenmaschine hacken und bereitstellen.
5. Für die Dressings Kräuter waschen und hacken, Knoblauch pressen.
6. Für die Tomatensalsa die Tomaten halbieren, den Strunk entfernen, Flüssigkeit und Kerne mit einem Löffel herauslösen. Tomatenfleisch hacken. Kerne einpflanzen!
7. Dann alle Zutaten bis auf das Öl gut mit dem Schneebesen verrühren. Zuletzt das Öl langsam hinzugeben, während die Masse kräftig durchgeschlagen wird.
8. Die Rohkostspaghetti dann auf Tellern anrichten und mit dem Dip übergießen. Zuletzt werden die gehackten Nüsse darübergestreut.

ALLES MUSS WEG!

＊ Gemüsewraps. Die Rohkost kann in Wraps oder Pfannkuchen gewickelt werden und ergibt so eine originelle Variation in der Pausenbrotbox.

＊ Gemüsecremesuppe. Kochen Sie aus dem Gemüse eine feine Cremesuppe, die den Magen zum Abend wärmt. Dünsten Sie dazu eine Zwiebel in etwas Öl an und geben Sie das Gemüse (auch in Spaghettiform!) hinzu. Für ca. 0,75 l Suppe brauchen Sie etwa 250 g Gemüse. Lassen Sie das Gemüse kurz anschwitzen, geben Sie etwas Salz darüber und löschen Sie das Ganze mit 0,5 l Gemüsebrühe ab. Wenn das Gemüse gar ist, geben Sie 0,2 l Sahne hinzu und pürieren alles gut durch. Noch sämiger wird die Suppe, wenn Sie in die Suppe ein Ei rühren (legieren), dann aber nicht mehr aufkochen. Würzen können Sie mit Pfeffer und 2–3 EL gehackten Kräutern.

＊ Brotaufstrich. Übriges Dressing löffelweise mit Frischkäse vermengen und als Brotaufstrich mit Pfiff verwenden.

KOCHEN MIT GEMÜSE

Nachhaltige Küchenpraxis

Gemüse und Pflanzenkost sind das Zentrum einer nachhaltigen Ernährung. Alles dreht sich um Saison – und Erntezeiten (siehe dazu Saisonkalender mit Lager- und Konservierungstipps auf Seite 196). Gegessen wird nur, was gerade vom Feld kommt. Da auf den Äckern in unseren Breiten im Winter nur ganz wenige Pflanzen wachsen, müssen wir kreativ werden, um die nachhaltigen Ernteerträge komplett zu verwerten und sie so lange wie möglich zu lagern oder auch zu konservieren.

GEMÜSE UMSICHTIG BEHANDELN

Um alle Vitamine, Mineralien und sekundären Pflanzenstoffe zu erhalten und das feine Aroma des Gemüses nicht zu zerstören, sollte es immer schonend zubereitet werden. Das geht schon beim Putzen und Waschen los. Gemüse sollte grundsätzlich im unzerkleinerten Zustand gewaschen werden. Die wichtigsten und meisten Inhaltsstoffe sitzen in oder direkt unter der Schale. Also ist das Ziel, die Schale grundsätzlich dranzulassen, auch wenn das manchmal nicht die schönste Variante ist. Schalen von Biogemüse oder aus dem eigenen Garten können unbedenklich verzehrt werden. Wer sich um Schwermetallablagerungen aus der Luft sorgt, der sollte das Gemüse nach dem Waschen mit einem Tuch abreiben. Bei Salaten sollte auf den Verzehr der Außenblätter verzichtet werden. Herkömmlich produziertes Gemüse sollte man allerdings mit dem Sparschäler dünn schälen. Die perfekte Zubereitung ist mechanisch: Je weniger wir Gemüse erhitzen, desto mehr wertvolle Inhaltsstoffe erhalten sich.

Bei den Garverfahren sind solche zu bevorzugen, die möglichst wenig Wasser brauchen, denn die wertvollen Mineralien und Nährstoffe bleiben im Kochwasser zurück. Deshalb sollten sie das Kochwasser auch grundsätzlich weiterverwenden oder für Suppen einfrieren. Wenn Sie zum Gemüse eine Soße zubereiten, verwenden Sie auch das Kochwasser oder den Wasserrest im Topf.

Perfekt fürs Gemüse sind das Dämpfen und das Dünsten. Zum Dämpfen braucht man einen großen Topf, in den man einen Dampfeinsatz stellen kann. Nun wird der Boden mit 2–3 cm Wasser begossen, das Gargut eingelegt und bei verschlossenem Deckel und großer Hitze gedämpft. Dabei behält das Gemüse auch seine Farben besser.

Beim Dünsten wird das Gemüse meist mit etwas Fett angeschwitzt und unter Zugabe von sehr wenig bis kaum Wasser oder Brühe im eigenen Saft gedünstet.

GEMÜSE – GAR NICHT LANGWEILIG

Gemüse und Rohkost werden für Kinder interessanter, wenn Sie Schnitttechniken und Formen variieren. Neben dem Spaghettischneider gibt es auch Spiralschneider, die eigentlich für weißen Rettich benutzt werden. Damit können Sie meterlange Gemüsespiralen zaubern. Beliebt sind bei Kindern auch Kugelausstecher, mit denen »runde« Salate oder ein »kugeliger« Gemüseeintopf entstehen können. Ein Buntschneidemesser oder ein Wellenschneider macht Möhrenscheiben und Kohlrabiwürfelchen spannend und das Schneiden macht gleich noch mehr Spaß.

SALAT – IMMER MIT DABEI

Rohkost vor dem Essen ist gesund. Die einfachste und schnellste Version davon sind Blattsalate. Beim Einkauf von Blattsalaten raten wir, grundsätzlich nur Freilandware zu kaufen. Treibhausware neigt zu hohen Nitratgehalten, was gerade für Kinder schädlich sein kann. Wenn der Salat doch mal aus dem Treibhaus kommt, dann kann man Strunk und Rippen entfernen, darin konzentriert sich das Nitrat. Waschen Sie die ganzen Salatblätter sehr schnell im stehenden Wasser und trocknen Sie sie mit einer Salatschleuder. Nun erst zupfen Sie die Blätter in mundgerechte Stücke. Salat nicht schneiden, dabei werden Zellen zerstört, die austrocknen und braun werden können.

Für die alltägliche Salatration kommt hier eine Blitzsalatsoße: Geben Sie 4 EL Joghurt, 1 EL milden Senf, 1 Knoblauchzehe, 4 EL frische Kräuter, 1 EL Apfelessig, 1 TL Apfeldicksaft, Salz, Pfeffer und 4 EL Rapsöl in einen hohen Becher und pürieren Sie das Ganze gut durch. Über den Salat gießen und servieren!

PFLANZENKOST IST SPITZENKOST

Hintergrund Ernährung

Kaum eine Lebensmittelgruppe kann mit so unschlagbaren Argumenten aufwarten wie Gemüse. Die Nährstoffdichte ist enorm. Bei niedrigem Kalorienstand liefern uns Möhre und Co. ein Höchstmaß an Vitaminen, Mineralstoffen und sekundären Pflanzenstoffen.

Gemüse besteht zum größten Teil aus Wasser: 65–97 %. Das ist auch der Grund, warum Gemüse schnell verdirbt und möglichst frisch verzehrt werden sollte. Doch neben dem Wasser finden sich auch viele Pflanzenfasern, die Ballaststoffe, die unseren Darm gut durchputzen und uns dabei helfen, satt zu werden. Fett ist in Gemüsen meist kaum enthalten, dafür aber wertvolles pflanzliches Eiweiß. Besonders Hülsenfrüchte glänzen hier mit einer idealen Bilanz. In der nachhaltigen Küche spielen Hülsenfrüchte deshalb eine zentrale Rolle: Pflanzliches Eiweiß schont die Ressourcen mehr als Protein aus Fleisch- und Milchprodukten.

Kinder sollten laut 5-am-Tag-Regel mindestens dreimal täglich eine Portion Salat oder Gemüse zu sich nehmen (und zweimal Obst). Gemüse und Obst sollten die Basis einer modernen Ernährungspyramide sein. Der beste Weg, Gemüseverweigerer zu überzeugen, ist, selbst ein gutes Vorbild zu sein und mit Lust und Genuss immer wieder vor den Augen der Kinder selbstverständlich zu Gemüse zu greifen. Und natürlich: anbauen, ernten und kochen!

Nachhaltige Köche, die Pflanzenkost bevorzugen, brauchen einen ständigen Begleiter: den Saisonkalender (siehe S. 196). Wann wächst was? Was wird importiert? Wann ist Erntezeit? Das sind die Fragen, die wir uns beim Gemüseeinkauf ständig stellen müssen.

Aber auch unser Geschmack könnte uns zu einem nachhaltigen Gemüse- und Obstkonsum führen. Früchte, die genussreif geerntet wurden und am selben Tag auf unserem Teller landen, sind geschmacklich, in der Konsistenz und in der Verarbeitungsqualität unschlagbar. Kein Vergleich zu Obst und Gemüse, das unreif geerntet wurde und künstlich beim Transport nachreift.

Geschmackvolles Gemüse erhalten Sie auch beim Anbau alter Sorten. Diese Sorten wurden nicht für Supererträge und Turbowachstum gezüchtet, sind oft robuster und schmecken meist aromatischer.

GÄRTNERN – ES GIBT KEINE BESSERE METHODE

Um die Bedeutung im Ökosystem und den Wert in unserer Ernährung darzustellen oder Freude und Geschmack an Gemüse zu vermitteln, gibt es keine bessere Methode als den Gemüseanbau. Wir haben versucht, in diesem Buch viele kleine Ideen zusammenzutragen, die auch mit wenig Platz oder gar nur auf der Fensterbank umsetzbar sind. Ideal ist es natürlich, wenn Sie einen Teil Ihres Gartens zum Nutzgarten umgestalten. Beziehen Sie die Kinder mit ein und übergeben Sie den etwas älteren Kindern Verantwortung. In Koch-AGs und Schulprojekten, die auf Freiwilligkeit beruhen, bietet es sich an, jedem Kind eine eigene Parzelle anzubieten, die es so bewirtschaften kann, wie es möchte. In Familien, Klassen oder Kindergruppen ist es oft besser, einen gemeinsamen Garten zu betreiben.

ÖKOLOGISCHER LANDBAU

Hintergrund Nachhaltigkeit

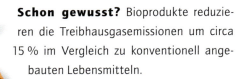

Schon gewusst? Bioprodukte reduzieren die Treibhausgasemissionen um circa 15 % im Vergleich zu konventionell angebauten Lebensmitteln.

Wenn Sie nicht vorwiegend selbst anbauen, müssen Sie wohl wie die meisten von uns Salat und Gemüse einkaufen. Die nachhaltige Variante ist dabei immer bio, aber ist es wirklich so einfach?

WAS BEDEUTET BIO EIGENTLICH?

In Kapitel 3 wurden die Kriterien für Biolebensmittel und das EU-Biosiegel eingeführt. Wer aber bewusst einkauft, findet sehr viele verschiedene Biolabel – manchmal sogar auf ein und derselben Packung.

Auf Produkten, die in mehreren Ländern vertrieben werden, gibt es unterschiedliche Labels. Um das für Europa zu vereinheitlichen, wurde das EU-Biolabel eingeführt, hinter dem eine Verordnung steht, die durch Kontrollen der Betriebe überprüft wird. Fast alle Lebensmittelketten haben inzwischen ihr eigenes Label – über die bindende EU-Verordnung geht niemand hinaus, es halten sich aber die meisten dran. Traditionelle Bioanbieter wie beispielsweise Bioland oder Demeter bilden eine Ausnahme und gehen deutlich über die EU-Richtlinie hinaus. Gerade bei Tierprodukten gibt es Unterschiede. Die Begriffe »bio« und »öko« werden synonym benutzt. Alle ähnlich klingenden Bezeichnungen wie »umweltschonend«, »naturnah« oder »kontrolliert« sind mit Vorsicht zu genießen, denn das besagt gar nichts. Haben Sie schon einmal bewusst Ihre Milchpackung gelesen? Das kann interessant sein! Auch Kinder können sich prima an der Jagd auf verschiedene Bio-

siegel beteiligen! Discounter mögen ihre Bioprodukte übrigens so gerne, dass sie diese sehr liebevoll einpacken. Das führt uns zu einem weiteren Thema: Bio mag zwar meistens gesund sein – umweltfreundlich ist es nicht immer, wenn Sie beispielsweise viel Plastikverpackung benutzen, Erdbeeren im Winter kaufen oder mit dem Auto zum Laden fahren, ist der gute Effekt wieder hin! Wie, wo und was kaufen Sie ein?

WAS BEDEUTET »BIO« FÜR DAS FELD?

Biosalat ist gut und gesund – auch für die Umwelt. Aber was bedeutet bio direkt für die Felder jenseits von fehlenden Pestiziden und Nitraten? Da Biogemüse nicht mit industriellem Mineraldünger gedüngt und nicht mit Pestiziden vor Fressfeinden geschützt werden kann, müssen viele andere Faktoren berücksichtigt werden, die vorbeugende oder indirekte Pflanzenschutzmaßnahmen genannt werden. Viele dieser Maßnahmen haben auch im konventionelen Landbau eine Bedeutung, aber im Bioanbau eine größere. So werden die Felder nicht im »Hauruck« gedüngt, sondern es erfolgt eine regelmäßige Zufuhr organischer Substanzen – beispielsweise Gründüngung, was einen stärkeren Abbau von Krankheitserregern im Boden durch erhöhte biologische Aktivität zur Folge hat. Die Bodenbearbeitung und die Ernte erfolgen schonender. Es wird möglichst für Bodenbedeckung zur Unkrautreduzierung gesorgt. Untersaaten können Schädlinge reduzieren. Die Fruchtfolge ist ausgewogen und eine Artenvielfalt durch unterschiedliche Feldfrüchte erschwert die massenhafte Vermehrung einzelner Schädlinge. Jetzt kommen die Nützlinge gegen sie an. Diese werden explizit gefördert durch Brachen, Hecken und Randstreifen und Tolerierung von Unkraut sowie Sitzstangen und Nistkästen für Vögel. Es wird das angebaut, was auf den Standort passt und möglichst nicht ent- oder bewässert werden muss. Das Saatgut und die Sorten sind widerstandsfähiger. Es wird später gesät und mit geringerer Dichte. Klingt das nicht gut? Glauben Sie, dass Sie ein Biofeld von einem anderen unterscheiden können? Versuchen Sie es, wenn sich Ihnen eine Gelegenheit bietet!

Es werden in Deutschland mehr Bioprodukte gekauft als produziert. Daher ist es manchmal gar nicht möglich, regionale Bioprodukte zu kaufen! Wenn Sie einen Landwirt kennen, fragen Sie ihn, warum er nicht auf Bioanbau umstellt – es lohnt sich für beide Seiten!

NACHHALTIGES OBST IM WINTER

Saisonales Obst ist gesund und schmeckt. Hat es darüber hinaus eine Bewandtnis, Obst und Gemüse zu kaufen, wenn es bei uns wächst? Hier gibt es ein paar Faustformeln, die leider mitunter gegen den guten Geschmack ausfallen:

Früchte, die zu uns geflogen wurden, sind sehr klimaschädlich, da viel Kohlendioxid pro Kilogramm Frucht ausgestoßen wird. Flugfrüchte sind leider besonders süß und aromatisch, da sie reif geerntet werden können.

Früchte, die mit dem Schiff kommen, sind nicht so klimaschädlich, werden aber entweder unreif geerntet und schmecken daher weniger gut oder kommen nicht frisch, sondern gefroren daher.

Obst und Gemüse gibt es eingekocht im Handel. Hier ist der Energieaufwand noch höher, da das Behältnis mitgerechnet werden muss (Beispiel Aludose). Einfrieren ist eine Möglichkeit, selbst angebautes oder lokal gekauftes Obst oder Gemüse aus dem Sommer in den Winter zu retten. Allerdings ist das mit Energieaufwand verbunden und die Kühlkette darf nicht unterbrochen werden.

Das Allerbeste ist daher, Gemüse einzulegen oder selbst Sprossen zu ziehen.

DIE BIOSIEGEL

Hohe Ökostandards setzen sich die deutschen Anbauverbände (sehr empfehlenswert):

Mindeststandards nach EG-Öko-Verordnung (empfehlenswert):

Lassen Sie sich nicht von Verpackungsaufschriften wie »aus integriertem Anbau«, »kontrolliertem Vertragsanbau« oder »umweltverträglicher Erzeugung« täuschen. Diese Werbebotschaften möchten Assoziationen zum ökologischen Landbau wecken, obwohl diese Lebensmittel konventioneller Herkunft sind.

NACHGEMACHT!
Tipps und Anregungen

 ────────────────

— Kaufen Sie Salate – wie möglichst alles Obst und Gemüse saisonal, regional und bio ein. Vielleicht geht auch manchmal nur eines von alledem. Probieren Sie es!

— Gehen Sie im Internet auf die Seite von http://www.co2online.de und stellen Sie sich Ihre Lebensmittel und Ihre Lagermethoden zusammen.

— Probieren Sie, eine Woche ohne Kühlschrank auszukommen. Was fällt Ihnen schwer, was leicht?

SPIELWIESE

Spiele und Experimente

SALATE PFLANZEN

Auch ohne Garten können Kinder Salatgärtner werden. Salate wachsen schnell und unkompliziert auf dem Fensterbrett. Ideal ist ein Blumenkasten oder ein Fenstergarten (siehe S. 76), in dem sie Salate, Spinat oder Rucola aussäen können. Hierfür verwendet man am besten Aussaaterde. Wenn geerntet wurde, kann gleich wieder nachgesät werden.

GÄNSEBLÜMCHEN FÜR DEN SALAT

Die Wiese bietet leckere Zutaten für den Salat. Mit Blumen in Quark oder Rohkost schmeckt es den Kindern gleich viel besser. Sammeln Sie Gänseblümchen mit den Kindern und dekorieren Sie Salate und Rohkost damit. Gänseblümchen schmecken auch auf einer Scheibe Brot mit leicht gesalzener Butter. Essbar sind auch: Borretsch, Kapuzinerkresse, Kornblumen, Löwenzahn, Schafgarbe.

SPROSSEN ZÜCHTEN

Das Wunder, wie aus einem Samen eine Pflanze wird, können Sie ganz leicht beim Züchten von Keimlingen aus Samen, Getreide und Hülsenfrüchten beobachten. Sprossen haben einen extrem hohen Vitalstoffgehalt und sind leicht herzustellen. Da Schimmel und Hygiene bei Sprossen schnell zum Problem werden können, raten wir, mit Keimgefäßen aus dem Reformhaus oder Bioladen zu arbeiten. Bevor die Sprossen in das Keimgerät gelegt werden, sollten sie über Nacht in Wasser eingeweicht werden. Nun wird das Behältnis an einen warmen Ort ohne direkte Sonneneinstrahlung gestellt und von nun ab regelmäßig gewässert. Nach 3–4 Tagen sehen Sie erste Ergebnisse. Getreidekeimlinge brauchen vielleicht noch 1–2 Tage länger, aber generell kann »geerntet« werden. Fertige gekeimte Sprossen lagert man im Kühlschrank.

DIE WUNDERWURZEL

Eine abgeknabberte Möhre (oder anderes Wurzelgemüse) an der noch Wurzelfleisch und Grün dran sind, kann man einpflanzen und erleben, wie sich die Wurzel neu bildet. Das abgeknabberte Ende wird in die Erde gesetzt. Regelmäßig gießen und sonnig platzieren.

ERDKÜHLSCHRANK

Eine Möglichkeit, die alte Lagermethode anzuwenden, ist der Erdkühlschrank. Hier wird ein Loch in die Erde gegraben und die zu kühlenden Lebensmittel oder Getränke dort hineingestellt. Das Loch muss allerdings schon ziemlich tief sein. Konstante 10 °C gibt es erst in 6 Metern Tiefe. Allerdings reicht ein Loch von 1,5 Metern, um nicht über 15 °C zu kommen. Denken Sie daran, den Erdkühlschrank zu sichern, damit niemand hineinfällt. Das erfordert einen guten Deckel (beispielsweise eine Holzscheibe) und der sollte auch gedämmt sein (eine Dämmplatte auf die Platte kleben oder Dämmmaterial – beispielsweise Schafwolle – auf die Kühlware legen). Wichtig ist auch, die Wände zu sichern, damit der Kühlschrank nicht zusammenfällt. Am allerbesten wird der Kühlschrank ausgemauert, aber ein paar Bretter reichen aus, damit das Loch Bestand hat. Sie können alternativ eine Metallkiste oder eine alte Waschmaschinentrommel verwenden.

Eine andere Möglichkeit bietet Verdunstungskälte. Beim Verdunsten braucht Wasser Energie. Die nimmt es aus der Umgebung, die dann abkühlt. So kann man auch mit feuchten Tüchern Gemüse frisch halten. Um allerdings wirklich langfristig zu lagern, müsste immer neues Wasser zugegeben werden. Da ist es besser, eine afrikanische Methode anzuwenden. Sie brauchen zwei unterschiedlich große Tontöpfe – beispielsweise Blumentöpfe – und Sand aus der Buddelkiste. Das Loch im größeren Topf wird mithilfe eines Stückchens Alufolie geschlossen und der Boden mit Sand bedeckt. Dann wird ein Stück Alufolie auf den Sand gelegt, um das Loch des kleineren Topfes zu schließen. Der wird dann hineingestellt und der Zwischenraum mit Sand gefüllt. Achtung: Gut ist es, dabei den kleinen Topf abzudecken, damit kein Sand in den Kühlraum fällt. Danach den Sand nass machen, Gemüse in den kleinen Topf hineinlegen und einen Deckel drauflegen. Um dauerhaft zu kühlen, muss nachgewässert werden.

FENSTERGARTEN – SELBST GEMACHT

Wenn Sie keinen Garten zur Verfügung haben, versuchen Sie sich in einfachen Formen des Window-Gardening. Wenn Sie das ganze Fenster nutzen, ist es möglich, dass jedes Kind sein eigenes »Beet« bekommt. Hierzu können Sie Flaschen nutzen, die Sie übereinander festbinden. Es geht auch mit Tüten, die an die Scheiben geklebt werden. Die Kinder können ihren eigenen Garten bepflanzen. In einem Fenstergarten baut man am besten Kräuter und Salat an.

KOPFSALAT
Lebensmittel des Tages

Salate bauen wir schon seit über 3000 Jahren an, ihre Heimat haben sie im Vorderen Orient.

Anbau

Gattung: Lattich.

Zuchtformen sind Eisbergsalat, Römersalat, Lollo Rosso u.v.m.

Standort: sonnig.

Boden: durchlässig, locker, mit Humusanteil.

Aussaat: nicht vor März.

Samen möglichst weit an der Oberfläche ausbringen: Kopfsalate sind Lichtkeimer.

Abstand zwischen Pflanzen lassen, etwa 20–25 cm.

Regelmäßig bewässern.

Nach 8 Wochen sind erste Kopfsalate reif.

Größte Stärke

Folsäure und Betacarotin, Ballaststoffe, Polyphenole und Chlorophyll, das Blattgrün, dem nachgesagt wird, es schütze vor Krebs.

AUSFLUG ANS WASSER – FISCH

Wir wollen Sie und die Kinder für Fisch begeistern
und Berührungsängste gegenüber einem sehr
gesunden Lebensmittel abbauen.
Dabei schauen wir uns auch die bedrohten Ökosysteme
in Meer und Gewässern genauer an.

FISCH MIT GEMÜSEPFANNE

Rezept und Resteverwertung

Geeignet für: Mittagessen
Schwierigkeitsgrad: mittelschwer

Frühling	Sommer	Herbst	Winter
8 Forellen	8 Lachsforellen	12 kleine Welsfilets	12 kleine Zanderfilets
3 EL Kräuteressig	3 EL Kräuteressig	3 EL Kräuteressig	3 EL Kräuteressig
1 Bund Schnittlauch	½ Bund Oregano	1 Bund Schnittlauch	1 Bund Bohnenkraut
1 Bund Kerbel	½ Bund Thymian	½ Bund Liebstöckel	1 Bund Majoran

Für die Kräuterkruste: 1 Bund Petersilie, 125 g Butter, 5 EL grobkörniger Senf, 1 EL Vollrohrzucker, 2 trockene Vollkornbrötchen, 1 Ei

GETREIDE-GEMÜSE-PFANNE	GETREIDE-GEMÜSE-PFANNE	GETREIDE-GEMÜSE-PFANNE	GETREIDE-GEMÜSE-PFANNE
3 Möhren	1 gelber Paprika	2 Petersilienwurzeln	1 Sellerieknolle
6 Stangen Spargel	1 roter Paprika	3 Möhren	3 Möhren
2 Stangen Lauch	150 g Schnittbohnen	2 Stangen Lauch	½ kleiner Weißkohl
400 g Dinkel	12 Kirschtomaten	400 g Gerste	400 g Roggen
	400 g Bulgur		

Für alle Gemüsepfannen: 2 Zwiebeln , 3 EL Rapsöl, 1 TL Tomatenmark, ½ l Gemüsebrühe

Und so geht's:

1. Ofen auf 180 °C vorheizen, Ober- und Unterhitze.
2. Das Getreide sollten Sie am Tag vorher einweichen und in derselben Flüssigkeit dann ca. 1 Stunde kochen. Bitte machen Sie schon nach 40 min die erste Probe, denn die Garzeiten können variieren.
3. Fisch filetieren oder vom Fischhändler filetieren lassen. Zum Säuern können Sie den Fisch mit Kräuteressig bestreichen. Dann die Filets salzen.
4. Für die Kruste die Vollkornbrötchen auf einer Küchenreibe fein reiben. Die Semmelbrösel mit Butter, Senf und Ei verkneten. Ist die Masse zu flüssig, etwas Vollkornmehl darüberstreuen und einarbeiten. Salzen, pfeffern.
5. Zwischendurch die Kräuter fein hacken. Je zwei EL davon für das Getreide aufheben. Nun die Kräuter unter die Semmelbröselmasse kneten und mit Salz und Pfeffer abschmecken.
6. Die Masse fingerdick auf dem Fisch verteilen. Die Filets in einer ausgefetteten Auflaufform im mittleren Einschub garen, bis die Kruste goldbraun und knusprig ist.
7. Für die Beilage das Gemüse waschen, schälen und in kleine Würfel schneiden. Zwiebeln in Öl anschwitzen. Die Gemüsewürfel (nicht die frischen Tomaten) hinzufügen, das Ganze kurz anrösten. Mit Tomatenmark vermengen und mit etwas Brühe ablöschen. Köcheln lassen, bis das Gemüse bissfest ist. Bei Bedarf Brühe nachgießen.
8. Nun geben Sie das Getreide zum Gemüse und rühren es gut durch, während Sie es leicht erhitzen.
9. Fisch und Getreide anrichten und mit Kräutern bestreuen.

ALLES MUSS WEG!

* **Fischcreme:** Gegartes Fischfleisch kann schnell zu einer sahnigen Creme verarbeitet werden, die zu Brot oder zum Salat schmeckt. Dazu zerdrücken sie den Fisch (100 g) mit Frischkäse (200 g) und würzen das Ganze mit einem Spritzer Kräuteressig, Salz, Pfeffer und frischem, gehacktem Dill. Wer leichte Schärfe mag, kann etwas Meerettich darüber reiben.

* **Fischfond:** Wenn Sie den Fisch im Fachgeschäft filetieren lassen, dann nehmen Sie in jedem Fall die Karkassen (so nennt man Tierskelette in der Küchensprache) trotzdem mit in die Küche. Der nachhaltige Koch will natürlich den ganzen Fisch verwerten. Daher kochen wir uns aus den Resten einen Fischfond. Hierzu schwitzen Sie eine große, gehackte Zwiebel in Öl an und geben 500 g gewürfeltes Gemüse hinzu (ideal sind Lauch und Fenchel, in jedem Fall eher helle Gemüsesorten verwenden). Schließlich auch die Karkassen. Nun wird mit 1,5 l Wasser abgelöscht. Zur Würze geben Sie 1 Lorbeerblatt, 2–3 zerdrückte Pfefferkörner und 2–3 Pimentkörner mit 2 TL Salz in die Brühe. Nun aufkochen, dann ca. 40 min bei offenem Topf köcheln lassen. Zuletzt abseien. Den Fischfond können Sie für Fischgerichte, Soßen und asiatische Gerichte verwenden. Frieren Sie den Fond portionsweise ein.

* **Getreidebratlinge.** Hierfür vermischen Sie die Getreide-Gemüse-Mischung (ca. 300 g) mit 3 Eiern und ca. 5 EL Semmelbrösel. Daraus können Sie Bratlinge formen und diese in Öl ausbacken. Die Bratlinge sind ein beliebtes warmes Abendessen, sie schmecken aber auch kalt als Snack.

* **Getreidesalat.** Mit etwas Rohkost aufgepeppt schmeckt die Gemüsepfanne ebenfalls kalt gut zum Abendbrot. z. B. mit Kohlrabistückchen, Tomatenspalten, Gurkenwürfeln oder Apfelstücken.

KOCHEN MIT FISCH

Nachhaltige Küchenpraxis

Fisch sollte auf jeden Fall einmal die Woche auf dem Speiseplan der Kinder stehen. Leider denken viele, die Zubereitung sei zu kompliziert. Ist sie nicht! Wenn Sie einen guten Fischhändler haben, dann wird er Ihnen jedes Tier zerlegen und filetieren und vor allem grätenfrei machen. Wir möchten Ihnen Lust auf Fisch machen und zeigen, dass Sie besonders Kinder dafür begeistern können. Wichtig ist, dass Sie immer ganze Fische kaufen. Versuchen Sie den Kauf vorfiletierten Seefischs zu vermeiden. Da Fisch schnell verderben und dabei böse Lebensmittelvergiftungen auslösen kann, ist im Umgang mit Fisch auf höchste Hygiene und bei der Lagerung auf strengste Einhaltung der Kühlkette zu achten.

WIE ERKENNT MAN FRISCHEN FISCH?

Fisch, der nach Fisch riecht, ist schon nicht mehr frisch. Frischer Fang riecht eher neutral nach See oder Meer, Fisch aus stehenden Gewässern riecht oft etwas »gründelig«. Von außen betrachtet, sind die Augen des Tieres klar und glänzend, die Schuppen liegen an und die Kiemen sind dunkelrosa bis hellrot. Wenn Sie die Druckprobe machen können, sollte das Fleisch keinen Abdruck zurücklassen.

Frischfisch sollte so wenig wie möglich gelagert werden, wenn es aber sein muss, dann auf Eis in einem abgedeckten Gefäß im Kühlschrank. Filetierten Fisch aus dem Handel sollten Sie am Tag des Einkaufs verarbeiten. Fangfrischen Fisch können Sie bei idealer Lagerung noch zwei Tage aufheben. Grundsätzlich muss der Fisch direkt nach dem Einkauf aus den Verpackungen genommen und auf Eis gelegt werden.

Vergessen Sie bei der Verarbeitung nicht, für Fisch gesonderte Arbeitsunterlagen zu verwenden. Bretter, auf denen Fisch geschnitten wurde, können wegen des Geruches nicht mehr für andere Speisen benutzt werden.

SCHMECKT UND SIEHT TOLL AUS

Die einfachste Form, Fisch zu garen, ist noch immer der Grill. Kinder mögen diese Zubereitungsform sehr, weil sie meist sehr gerne mit den »ganzen« Fischen hantieren und das spannend finden. Fische sollten Sie mit einer Fischgrillzange auf dem Outdoorgrill zubereiten, denn auf dem Grillrost würde der Fisch festkleben und zerfallen. Fisch bereitet man nach der 3-S-Regel vor: Säubern – Säuern – Salzen. Dann werden Kräuter in den Fisch gefüllt und er wird von außen etwas mit Öl bepinselt. Schon kann er auf den Grill. Schön an dieser Zubereitung in der Zange ist, dass die Kinder ganz leicht den Garprozess mitverfolgen können. Ein Klassiker ist übrigens der bayrische Steckerlfisch, wobei die Tiere auf Spießen über das Feuer gehalten werden. Größere Fische können Sie auf einem Backblech im Ofen grillen. Hierzu salzen Sie den Fisch ganz leicht von innen und setzen ihn mit der Öffnung nach unten auf das Backblech. Nun wird der Fisch im vorgeheizten Ofenrohr bei 220 °C 30 Minuten gebacken, in den letzten 10 Minuten können Sie die Haut leicht einschneiden und den Fisch nur mit Oberhitze fertig grillen. Wenn die Haut knusprig werden soll, können Sie sie mit Salzwasser einpinseln. Je nach Größe des Fisches kann die Garzeit variieren.

FISCH IN DER LEHMKRUSTE

Sicher werden die Kinder begeistert sein, wenn Sie mit ih-nen mal eine ganz andere Kochmethode ausprobieren: Den Fisch in der Lehmkruste. Dazu salzen Sie den Fisch leicht von innen und legen ein paar Kräuterbüschel hin-ein. Von außen bepinseln Sie ihn mit Rapsöl. Den Lehm können Sie an sehr unterschiedlichen Orten bekommen: Im Laden für Bastelbedarf, bei Ofenbauern, im Baustoff-handel, im Terraristik-Bereich, in einer Kiesgrube oder in der freien Natur. Nun wird der Fisch 2–3 cm dick in feuch-ten Lehm luftdicht eingepackt und auf einem Backblech platziert. Bei maximaler Hitze wird der Lehmklumpen so lange gebacken, bis er hart und fest ist. Öffnen lässt sich der Lehmklumpen mit einem kräftigen Schlag. Dabei bricht das Gebilde auf und gibt den gegarten Fisch frei. Der Lehmfisch kann auch in einem Erdofen (längere Gar-dauer) gegart werden.

FISCH – DER NÄHRSTOFF-STAR

Hintergrund Ernährung

Ernährungsphysiologisch ist Fisch nicht zu toppen. Er liefert dem Körper ein Gesamtpaket, das seinesgleichen sucht. Vor allem enthält Fisch viel hochwertiges und leicht verdauliches Eiweiß. Eiweiß ist ein Grundbaustein unseres Körpers, denn Proteine sind am Zellaufbau beteiligt. Aber auch beim Bau von Enzymen, Hormonen und Abwehrstoffen sind Proteine unerlässlich. Besonders Kinder, deren Körper im ständigen Wachstum und Aufbau sind, brauchen viel Eiweiß.

Eiweiß besteht chemisch aus Aminosäuren. Die meisten davon können von unserem Körper selbst gebildet werden, einige sind aber essenziell, das bedeutet, sie müssen dem Körper zugeführt werden. Proteinhaltige Lebensmittel haben für die menschliche Ernährung eine unterschiedliche Wertigkeit. Generell ist tierisches Eiweiß höherwertig als pflanzliches, da es mehr essenzielle Aminosäuren enthält. Um einen idealen Eiweißcocktail zu erhalten, kombiniert man verschiedene eiweißhaltige Lebensmittel in einer Mahlzeit, um dadurch möglichst alle Aminosäuren aufzunehmen und die Verfügbarkeit für den Körper zu erhöhen. Kombinationen mit hoher Wertigkeit sind: Ei und Kartoffeln, Milch und Roggenvollkornmehl, Fleisch und Hülsenfrüchte, Ei und Milch, Milchprodukte und Kartoffeln. Ideal ist es, in einer Mahlzeit den Schwerpunkt auf pflanzliches Eiweiß zu legen und das mit einer Beilage aus tierischem Eiweiß aufzuwerten.

Im Fett der Fische verstecken sich Omega-3-Fettsäuren. Sie halten unser Herz- Kreislauf-System in Schwung und sind für Kinder von großer Bedeutung, da Omega-3-Fettsäuren eine wichtige Rolle bei der Entwicklung des Gehirns und der Immunabwehr spielen. Kinder haben also einen besonderen Bedarf an diesen wichtigen Fettsäuren.

Fette Fische weisen einen hohen Gehalt an Vitamin A und D auf. Sie liefern die Verwertungshilfe für den menschlichen Stoffwechsel gleich mit: das Fett. Ebenso gut vertreten sind die Vitamine der B-Gruppe. Mineralien hat Fisch auch jede Menge zu bieten, besonders hervorzuheben sind dabei Jod und Selen, zwei Stoffe, die vor allem in unseren Breiten schwer über die Nahrung zu bekommen sind. Jodmangel führt zu einer Erkrankung der Schilddrüse, die Müdigkeit, Konzentrationsschwäche oder Gewichtszunahme mit sich bringen kann. Selen ist ebenso rar in unseren heimischen Böden und gelangt eigentlich fast nur über Fisch in unseren Stoffwechsel. Es ist ebenso wie das Jod ein essenzielles Spurenelement. Selen beugt Krebs vor und hält freie Radikale im Zaum. Fische aus Aquakulturen enthalten übrigens ebenso viel Jod und Selen wie Seefische, denn ihrer Nahrung werden diese Spurenelemente zugesetzt. Kohlenhydrate hat Fisch so gut wie keine, was ihn zum attraktiven Nahrungsmittel für Diabetiker und Abnehmwillige macht.

FISCH UND SCHADSTOFFBELASTUNGEN

Ein Fisch ist immer gleichermaßen gesund und schadstoffarm, wie ein Gewässer belastet ist. Uns ist längst klar, dass das, was wir in unsere Flüsse, Seen und Meere leiten, irgendwann wieder auf unserem Teller landet. Doch diesbezüg-

lich kann man entsprechend den deutschen Schadstoffgrenzwerten Entwarnung geben. Die Belastung der Ware, die auf dem deutschen Markt gehandelt wird, ist gering. Ursache ist aber nicht unbedingt eine intaktere Ost- oder Nordsee, sondern die Tatsache, dass der meiste Fisch bei uns gar nicht von unseren Küsten stammt, sondern aus Pazifik und Atlantik, die geringer belastet sind. Bei einem nachhaltigen Einkauf kommen diese Fische allerdings nicht infrage. Obwohl Deutschland ein gewässerreiches Land ist, in dem die Wasserqualität meist sehr gut ist, gibt es kaum (noch) Möglichkeiten, fangfrischen regionalen Fisch zu kaufen. Hier kann man nur aufrufen, die Verbrauchermacht auszuüben. Viele Binnenfischer können ihr Geschäft mangels Kunden kaum noch ausüben. Unterstützen Sie die regionale, nachhaltige Fischerei oder einen Angelverein. Erkundigen Sie sich beim Einkauf von Fisch nach der Herkunft oder sogar dem Gewässer, aus dem Ihr Fisch stammt. Bei einem regionalen Fischer können Sie sogar selbst die Wasserqualität überprüfen (siehe Spielwiese)!

FISCH UND GEWÄSSER

Hintergrund Nachhaltigkeit

Schon gewusst? Der größte Teil der Wildfischbestände wird voll genutzt oder ist überfischt – eine Steigerung des Fischfangs ist nicht mehr möglich.

Unser Fischkonsum steigt langsam, aber stetig. Wir verzehren 15,6 Kilogramm Fischereiprodukte pro Person und Jahr und liegen damit unter dem Weltdurchschnitt. Laut Fischinformationszentrum stammten 2012 nur 12 Prozent des Gesamtaufkommens von Fischereierzeugnissen aus deutscher Fischer- oder Binnenfischerei. Deutschland ist ein Land mit verhältnismäßig wenig Küste pro Landfläche. Aber es gibt viele Seen und Flüsse. Es wäre anzunehmen, dass wir viel Süßwasserfisch essen. Leider nein. Fast 80 Prozent unseres Verbrauchs sind Seefisch und Meeresfrüchte. Der Konsum von Süßwasserfisch geht zurück, der von Meeresfisch steigt. Essen Sie Süßwasserfische?

DER WILDE FISCH

Laut Welternährungsorganisation werden 52 Prozent der Wildfischbestände voll genutzt, sodass keine Steigerung mehr möglich ist, 28 Prozent sind tatsächlich überfischt, erschöpft oder erholen sich gerade. Bei nur 20 Prozent wären Produktionssteigerungen möglich. Somit sind wir an einer Grenze angelangt, an der insgesamt kein Wachstum mehr möglich ist, eine Beibehaltung der Fangmengen ist umstritten. Überfischt heißt übrigens, dass sich der wirtschaftliche Fischfang nicht mehr lohnt. Die Fischer ziehen sich zurück, und es ist zu hoffen, dass sich der Bestand wieder erholt. Ein Problem ist, wenn zu junge Fische gefangen werden. Die haben oft noch nicht gelaicht und damit keine Chance auf Vermehrung. Der sogenannte »Beifang« ist ebenfalls ein problematisches Thema. Dabei geht es um die Tiere, die nicht gefischt werden sollen, aber dennoch im Netz landen. Sie werden entweder verletzt oder tot über Bord geworfen. Im Beifangrechner des WWF können Sie erfahren, wie viel Beifang es mit Ihrem Fisch gab. Bei 500 g Hering sind es beispielsweise 50 g, bei 500 g Scholle schon 500 g Beifang.

FISCHE KLAUEN

In Deutschland ist fast jeder Flusslauf oder See fischereirechtlich vergeben. Das ist so ähnlich, wie Jagdrechte gepachtet werden können. Das bedeutet, der »freie« Fisch gehört jemandem. Wer schon einmal beim widerrechtlichen Angeln Ärger bekam, weiß das. Oftmals haben Anglervereine das Fischereirecht. Wer Mitglied ist, darf angeln. Angler aus Vereinen müssen Prüfungen (Angelschein) zur Hege und Pflege von Fischen sowie zum Fischfang und schnellen Töten von Fischen ablegen und sind verpflichtet, nicht mehr als den Eigenbedarf zu fangen. Die Vereine entnehmen nicht nur Fische, sie setzen auch junge Fische ein und kümmern sich um die Uferbereinigung und sammeln Müll. Bei den Meeren ist das anders. Sie gehören nur direkt an der Küste zu einem Land. Darüber hinaus handelt es sich um internationale Gewässer, in denen quer durch den Garten gefischt wird. Große Fischfangflotten reduzieren die Fänge der kleinen regionalen Fischer. Damit werden wirtschaftliche Strukturen und Existenzen in anderen Ländern zerstört und große soziale Spannungen entstehen.

DIE FISCHFARM

Fisch wird entweder wild gefangen oder in der Fischfarm, der sogenannten Aquakultur gezüchtet. Die Aquakultur ist sozusagen der Stall, in dem der Fisch wächst. Ungefähr ein Drittel des weltweit gehandelten Fischs wird so gezogen. Aquakultur ist eine alte Tradition. Den Karpfenteich kennt fast jedes Dorf. Im modernen Fall ist meist die Meerwasseraquakultur gemeint, wo beispielsweise Fische in Netzgehegen vor Küsten gehalten werden. In Fischzuchten tauchen dieselben Probleme auf wie bei der Massentierhaltung oder der Monokultur. Krankheiten können sich ausbreiten, weshalb häufig mit Medikamenten, wie Impfstoffen oder Antibiotika, gearbeitet wird. Außerdem werden zu viele Fische beieinander gehalten, was diese stresst. Das Futter besteht oft ebenfalls aus Fisch. Das relativiert den positiven Effekt, dass dieser Fisch nicht wild »überfischt« wird, denn der Futterfisch muss irgendwo herkommen – meist aus dem Meer. Manchmal wird mit Schlachtabfällen gefüttert. Das Meer wird daher durch die Fischfarmen zusätzlich organisch belastet. Außer in diesen Netzanlagen werden Fische und Meeresfrüchte in geschlossenen Kreislaufanlagen, Durchlaufanlagen und in der Teichwirtschaft gezüchtet. Das wichtigste heimische Aquakulturprodukt ist die Miesmuschel.

DER FISCH AUF MEINEM TELLER

Um zu erkennen, welcher Fisch aus nachhaltiger Fischerei kommt, können Sie auf Siegel achten. Das Biosiegel – auch das von Naturland, Demeter, Biokreis oder Bioland – gibt Ihnen die Gewissheit, dass die Fische mehr Platz in ihrer Aquakultur hatten und keine vorbeugenden Medikamente oder künstlichen Futterzusatz bekamen. Das Marine-Stewardship-Councel-Siegel (MSC) wurde vom WWF zusammen mit Unilever gegründet und bewertet Wildfang aus Nachhaltigkeitssicht. Die Biolabel gehen allerdings wesentlich weiter in ihrer Bewertung.

Übrigens ist der wenigste Wildlachs wirklich »wild«. Das ist nämlich kein geschützter Begriff! Auch Süßwasserfische aus Deutschland haben ihre Tücken, denn hier gilt das Gleiche wie für die Meeresaquakultur: Die Fütterung geschieht mitunter durch Schlachtabfälle, Medikamente werden eingesetzt Auch hier bieten Biolabel Sicherheit. Nachhaltiger Fisch ist teurer und daher für die meisten Menschen nicht zum täglichen Verzehr geeignet. Das schützt die Fischbestände umso mehr, denn Fisch wird zur Besonderheit, auf die Sie sich freuen können, und die Fischbestände können sich erholen.

NOCH MEER PROBLEME

Der Alltag im Meer hat sich geändert. Es ist schmutzig und laut geworden. Im Meer gibt es viele Baustellen für Unterseekabel, Ölplattformen oder Offshorewindanlagen. Gerade Wale sind deswegen irritiert. Sie orientieren sich mithilfe ihres Gehörsinns, was ihnen wegen des Lärms schwerfällt. Daher verirren sie sich häufig ans Land. Die meisten Tiere leiden unter der Verschmutzung beispielsweise mit Kunststoffen oder Schweröl. Mehr dazu im nächsten Kapitel.

NACHGEMACHT!
Tipps und Anregungen

 ————————————

— Besorgen Sie sich bei Greenpeace oder dem WWF einen aktuellen Fischführer. Hier ist vermerkt, welchen Fisch Sie bedenkenlos einkaufen können. Es gibt dort auch Apps für Ihr Mobiltelefon.

— Achten Sie beim Einkauf von Fisch auf das MSC- und Biosiegel.

— Wenn Sie die Möglichkeit haben, besuchen Sie Fischteiche oder Fischer.

SPIELWIESE

Spiele und Experimente

FISCH ESSEN

Gerade beim Fisch möchten wir explizit noch mal darauf hinweisen, den Kindern auf keinen Fall zu viel abzunehmen. »Muten« Sie selbst kleineren Kindern einen ganzen Fisch zu, den das Kind selbst auf dem Teller zerlegt. Sicher wird das ein längeres, evtl. auch schmieriges Essvergnügen. Aber gerade das macht Kochsessions mit Kindern aus: Raum geben für multiple, sensorische (Lern-)Erfahrungen.

FISCH SEZIEREN

Besorgen Sie einen ganzen Fisch, möglichst unausgenommen, und sezieren Sie ihn zusammen mit den Kindern. Nutzen Sie die natürliche Neugier der Kinder, und machen Sie auch bewusst, dass es sich hier um ein schützenswertes Lebewesen handelt. Dabei kann man deutlich werden lassen, wie der Fisch atmet, sich bewegt, frisst, verdaut. Lassen Sie die Kinder selbstständig genau hinsehen, schneiden und abtrennen – den Fisch sensorisch erfassen. Da der Fisch danach ungenießbar ist, füttern Sie damit am besten die Katzen des Nachbarn.

GUCK MAL, WAS DA SCHWIMMT!

Das nächste Experiment ist ein echtes Sommervergnügen! Falls Sie in der Nähe einen See haben, erforschen Sie ihn. Sie können vorher einfach Kescher bauen oder ein paar günstige kaufen – evtl. große Siebe. Die Kinder können sich an einem heißen Tag abkühlen und gleichzeitig forschen. Was fangen sie? Was gibt es Spannendes zu sehen? Nutzen Sie auch Becherlupen, um sich den Fang genau anzusehen.

MUSCHELN SAMMELN

Muscheln kann man nicht nur am Meer sammeln, auch Flüsse und Seen, vor allem Gewässer mit sandigen Gründen schenken uns Muschelschalen. Es gibt in Deutschland Großmuschelarten, die allerdings dem Naturschutz unterstehen und nicht lebendig dem Wasser entnommen werden dürfen. Doch die Schalen, die angespült werden, dürfen Sie sammeln. Sind die Gewässer, an denen Sie suchen, intakt, finden Sie relativ wenig. Ist ein wahres Muschelmeer vorhanden, ist das ein Zeichen dafür, dass dieses Gewässer unter schlechten Umwelteinflüssen steht. Muscheln sind Leitorganismen bei der ökologischen Bewertung von Gewässern. Muscheln filtern das Wasser, um an Nahrung zu gelangen, dadurch sind sie auch anfällig für Schadstoffbelastungen. So können Sie mit den Kindern über Muscheln und ihre Funktion sprechen. Kinder lernen dabei Signale der Natur zu deuten.

WIR HABEN EINEN TEICH!

Ein Teich ist immer künstlich, ein See natürlich. Da es für Kindergärten schwierig ist, einen Teich anzulegen, können Sie auf ein Aquarium ausweichen. Nehmen Sie Wasser und Lebewesen aus einem Teich mit und beobachten Sie diese über eine Zeit in der Kita. Wer isst was? Wie verändert sich das Wasser? Kann es wieder sauber werden? Welche Filter gibt es? Bauen Sie selbst eine Kläranlage für Ihr Aquarium oder machen Sie Filterexperimente mit anderem Schmutzwasser. Was hilft es, Wasser absetzen zu lassen, was hilft ein Filterpapier, was bringt Kies, was Sand? Wenn Sie die Tiere eine Weile beobachtet haben, lassen Sie diese wieder frei!

WASSERFILTER

Einen Wasserfilter können Sie mithilfe einer Plastikflasche und verschiedener Kies- und Sandarten, Kohle und Stoff bauen. Dazu müssen Sie den Boden der Flasche abschneiden, die Flasche falsch herum aufhängen und sie dann mit dem Filtermaterial füllen. Kinder können den Filter mit unterschiedlichen Materialien füllen und schauen, welcher Filter das Wasser am saubersten macht. Wird Wasser wirklich sauber?

WASSERTEST

Testen Sie mit den Kindern die Wasserqualität von Seen und Flüssen. Sie bekommen ein Testset mit Teststreifen in der Apotheke oder auch kostenlos bei den lokalen Wasserbetrieben. Nehmen Sie Wasserproben und vergleichen Sie sie. Sagt das Aussehen des Wassers etwas über seine Verunreinigung aus? Was ist schädlich für den menschlichen Körper? Welche Konsequenzen hat die Wasserqualität für die Fische?

WAS HÄNGT AN MEINER ANGEL?

Nutzen Sie Ihr magnetisches Angelspiel, um über das Thema zu reden! Dabei handelt es sich um eine Motorikübung, bei der Kinder mit einem an der Angelrute (Stock mit Schnur) befestigten Magneten »Fische« aus einem Behälter angeln. Die Papierfische sind an einem Metallring befestigt, der durch den Magneten angezogen wird. Vielleicht können Sie noch andere Gegenstände, wie Plastiktüten oder alte Gummistiefel an die Ringe hängen?

SELLERIE
Lebensmittel des Tages

Schnittsellerie hat krause grüne Blätter und wird ähnlich wie Petersilie zum Würzen verwendet. Bleich- oder Stangensellerie fällt durch verdickte Blattstiele auf und wird gerne als Salat oder Rohkost verzehrt. Den bekannten Knollen- oder Wurzelsellerie benutzen wir meist als Gemüse und Suppengewürz.

Anbau

Gattung: Doldenblütler.

Nährstoffreiches Beet.

Ab März vorziehen, ab Mai ins Gartenbeet.

Selleriepflänzchen nicht zu tief setzen (der Spross muss beweglich bleiben).

Untere Blätter entfernen, damit die Knolle dicker wird.

Erntezeit: ab Mitte Oktober bis zum starken Frost.

Größte Stärke

Der Sellerie wirkt tonisierend auf unsere Gesundheit. Er ist alkalisch und neutralisiert Magensäure. Gleichzeitig beruhigt er den Magen-Darm-Trakt und hilft gegen Nervosität. Seine ätherischen Öle wirken gegen Bakterien und Viren.

LEBENSFREUDE PUR — WASSER

Wasser steht täglich im Mittelpunkt des Lebens der Kinder, beim Kochen, Trinken oder Händewaschen. Wir betrachten auf den nächsten Seiten alle Facetten unseres Trinkwassers. Auch die zunächst unsichtbaren: Wussten Sie, dass Wasser Müll produziert?

GEMÜSECREMESUPPE

Rezept und Resteverwertung

Geeignet für: Mittagessen – Vorspeise – Abendessen
Schwierigkeitsgrad: mittel

Frühling	Sommer	Herbst	Winter
MÖHRENCREMESUPPE	BROKKOLICREMESUPPE	KÜRBISCREMESUPPE	ROTE-BETE-APFEL-CREMESUPPE
1 kg Möhren	1 kg Brokkoli	1 kg Kürbis	0,8 kg Rote Bete
1 Bund Kerbel	1 Bund Oregano	0,2 l Sanddornsaft gesüßt	1 Apfel
1 Bund Schnittlauch	½ Bund Rucola	1 Bund Petersilie	1 Bund Majoran
		½ Bund Basilikum	½ Bund Thymian
		Im ausgehöhlten Kürbis servieren	

Für alle Rezepte: 2 Zwiebeln, 0,5 l Gemüsebrühe, 0,5 l Sahne, 2 EL Rapsöl, Salz, Pfeffer, Kräuteressig, Vollrohrzucker

Und so geht's:

1. Das Gemüse waschen, evtl. schälen und zerkleinern. Zwiebeln in kleine Würfel schneiden.
2. Geben Sie einen hohen Topf auf die Herdplatte, erhitzen ihn und dünsten Sie die Zwiebel im Öl an. Dann geben Sie das Gemüse hinzu und schwitzen es bei starker Hitze kurz an, um Röstaromen herauszulösen.
3. Das Gemüse nun mit Brühe ablöschen und kurz aufkochen. Nun lassen Sie es bei niedriger Hitze gar kochen. Wenn das Gemüse weich ist, pürieren Sie es mit dem Pürierstab.
4. Unterdessen die Kräuter fein hacken.
5. Geben Sie nun die Sahne in die Suppe und lassen Sie das Ganze kurz aufkochen.
6. Zum Abschluss mit Salz, Pfeffer, einer Prise Vollrohrzucker und Kräuteressig abschmecken.
7. Vor dem Servieren die Kräuter unterrühren, so entwickeln sich die Aromen im richtigen Moment.
8. Je nach Geschmack können Sie als Suppeneinlage mit den Kindern Nüsse und Samen rösten oder Croutons herstellen.
9. Die Sahne kann ersatzweise auch geschlagen werden. Unter die steife Sahne werden dann die fein gehackten Kräuter gehoben. So kann die Gemüsepüreesuppe mit einer Sahne-Kräuter-Haube serviert werden. Wenn die Suppe ohne Sahne schon sehr flüssig ist, dann eignet sich dieses Vorgehen besonders.

ALLES MUSS WEG!

✳ **Gemüsesoße.** Cremesuppe ist eine gute Basis für eine Gemüsesoße als Beilage zu Nudeln, Getreide oder Kartoffeln. Kochen Sie eine kleine Menge gemischtes Gemüse gar, das Sie vorher in mundgerechte Stücke zerteilt haben. Vermischen Sie das Gemüse mit dem Suppenrest und lassen Sie das Ganze noch mal aufkochen. Dann schmecken Sie es mit frisch gehackten Kräutern, Salz und Pfeffer ab. Zuletzt mit einem Eigelb legieren (Eigelb mit etwas Sahne verquirlen und in die heiße Soße einrühren, nun nicht mehr aufkochen!).

✳ **Suppen-Cappuccino-Shot als Vorspeise.** Suppenreste sind gute Appetitanreger vor dem Essen. Mit einem Kräutermilchschaum wird aus einer einfachen Suppe eine Kreation. Dazu pürieren Sie kalte Milch mit einem Kraut (z. B. Petersilie) und würzen die Flüssigkeit mit Salz und Pfeffer. Das wiederum wird erhitzt und mit einem Milchschäumer oder dem Schneebesen schaumig geschlagen. Die heiße Suppe füllen Sie in kleine Espressotassen. Nun kann der Milchschaum mit einem Löffel auf die heiße Suppe gesetzt und serviert werden.

✳ **Eierstich.** Aus kleinen Küchenresten lassen sich auch einfache Suppeneinlagen zaubern. Der Klassiker ist Eierstich. Dafür verquirlen sie ein 1 Ei mit Salz und Muskatnuss und lassen es im Wasserbad stocken. Der feste, kalte Eierstich wird in Würfel geschnitten und passt gut zu klaren Suppen.

KOCHEN MIT WASSER

Nachhaltige Küchenpraxis

Wasser ist eines der Grundelemente beim Kochen. Wir kochen, dämpfen oder dünsten damit und es ist auch die Basis für Suppen, Soßen, Eintöpfe und vor allem auch von Getränken. Tees und Mischgetränke sind eine leckere Erfrischung, neben dem Wasser, das wir über den Tag verteilt trinken und auch über die Nahrung aufnehmen.

ENTGEGEN ALLEN VORURTEILEN BELIEBT: DER EINTOPF

Die Zeit der grauen Erbsenpampe mit Speck ist längst vorbei. Eintöpfe sind kreativ und vielseitig und vor allem: unkompliziert und schnell zuzubereiten. Kinder mögen Eintöpfe, da sie den Inhalt ihres Essens darin gut erkennen und in Einzelteilen »untersuchen« können. Die verschiedene Textur der Inhalte ist ebenfalls meist spannend. Und nachhaltig sind Eintöpfe allemal, weil sie die Möglichkeit bieten, z. B. übriges Gemüse zu verarbeiten.

Für sechs Personen braucht man 2 l Brühe und 3 kg Gemüse bzw. Fleisch, Getreide oder Hülsenfrüchte. Die Grundlage eines Eintopfs ist immer eine in Öl gedünstete Zwiebel. Hinzu kommt das gewürfelte Gargut. Nachdem dieses kurz angeschwitzt wurde, wird es mit Gemüsebrühe abgelöscht. Jetzt geht es ans Würzen: Pfefferkörner, Lorbeer, Fenchelsamen oder Piment – das ist der kreative Teil des Eintopfkochens. Ist alles gar, wird noch mal mit frischen Kräutern nachgewürzt. Finden Sie zusammen mit den Kindern Ihren Lieblingseintopf, entdecken Ihre ganz individuelle Mischung.

Hier zwei Ideen von uns:

Bunter Sommer-Topf

grüne Bohnen – Kartoffeln – Möhren – Sellerie – gelber Paprika – Tomaten – Knoblauch – Piment – Lorbeer – glatte Petersilie

Grüner Eintopf

Kohlrabi – Pastinake – grüner Spargel – Brokkoli – vorgegarter Grünkern, ganzes Korn – Sahne – Fenchelsamen – Pfeffer – Bärlauch – Majoran

SUPPENEINLAGEN

Ob Eintopf oder Cremesuppe: Ein Klößchen oder ein Crouton machen das Suppenvergnügen gleich noch größer. Die einfachste Art, Klößchen zu machen, ist eine Farce aus Fleisch oder Fisch mit Sahne herzustellen. Wenn Sie nachhaltig Fisch und Fleisch in großen oder ganzen Teilen kaufen, dann haben Sie bestimmt auch öfter mal das ein oder andere Stück übrig, das genau richtig ist, um damit Klößchen herzustellen. Ein Klassiker sind Hechtklößchen. Dafür braucht man 250 g grätenfreies, gewürfeltes Hechtfleisch, eisgekühlt. Das wird püriert, und langsam werden 200 ml eisgekühlte Sahne hinzugegeben, bis alles eine glatte Masse ergibt. Danach mit Kräuteressig, Salz, Pfeffer und evtl. frischem Dill würzen. Nun werden von der Masse mit dem Teelöffel Klößchen abgestochen und in siedendem Salzwasser gar gezogen, bis sie an der Oberfläche schwimmen. Anstatt Hechtfleisch können Sie auch jedes andere Fischfleisch benutzen. Das Rezept funktioniert auch mit Kalbfleisch.

EISTEE – WIR SIND KONKURRENZFÄHIG!

Eistee ist bei den Süßgetränken in den Top 5 vieler Kinder. Manche trinken täglich bis zu 2 l stark gesüßten Eistee. Die durchschnittlichen Eistees im Handel enthalten pro Liter 60 g Zucker, das entspricht 20 Stückchen Würfelzucker und 500 kcal. Wegen dieser erschreckenden Menge ganz auf geschmackshaltige Getränke verzichten? Es gibt auch gute selbst gemachte Alternativen! Generell können Sie Frucht- oder Kräutertee mit Fruchtsaft mischen und mit Früchten und Eiswürfeln appetitlich anrichten. Hier unser leckerer Eisteetipp für den Sommer: Ein paar Stunden vor der Zubereitung muss 1 l Rooibostee gekocht werden, der nach dem Abseihen kalt gestellt wird. In diesen Tee geben Sie ½ l klaren, hellen Traubensaft und 1 TL Birnendicksaft, evtl. noch einen Spritzer Sanddornsaft. Alles gut verrühren. Einen Pfirsich waschen und in Würfel schneiden und zusammen mit Eiswürfeln in den Eistee geben.

LEBENSELIXIER TRINKWASSER

Hintergrund Ernährung

Alle Vorgänge in unserem Organismus werden durch Wasser aufrechterhalten. Wir leben vom Wasser. Und wir bestehen daraus: je nach Alter und Geschlecht zu 50–80 %. Der menschliche Körper verliert aber wiederum am Tag 2–3 Liter Wasser, manchmal, je nach Belastung, Gesundheitszustand und Klima, auch mehr. Ohne Flüssigkeitszufuhr verdurstet der Mensch bereits nach wenigen Tagen.

Wasser ist unser Hauptbaustoff, 70 % davon ist in Zellen gebunden. In unserem Körper übernimmt Wasser ganz unterschiedliche Funktionen. Bei der Verdauung lösen sich in Verdauungssäften die Nährstoffe, die wir dann über die Darmwand aufnehmen können. Blut und Harn sind Transportmittel in unserem Körper, auch die bestehen aus Wasser. Zuletzt regulieren wir über das Schwitzen noch die Wärme in unserem Körper, dabei wird Wasser ausgeschieden, um den Körper zu kühlen.

Also müssen wir trinken: viel und regelmäßig. Empfohlene Trinkmengen sind immer Mindestangaben. Um optimal versorgt zu sein und sich vor allem täglich wohlzufühlen, brauchen wir mehr. Bei Kindern ist die Frage der Trinkmenge sehr wichtig und nicht pauschal zu beantworten. Die Trinkmenge sollte sich an Größe, Körpergewicht und Belastung orientieren und nicht am Alter! Wer sehr salzig isst, erhöht seinen Bedarf übrigens auch kräftig. 10 bis 20 kg schwere Kinder brauchen ca. 1 l am Tag, ab 40 kg kann die Trinkmenge schon bei bis zu 1,5 l liegen. Ein Mangel an Flüssigkeit kann für plötzliche Erscheinungen wie Kopfschmerzen, Konzentrationsschwäche, Müdigkeit, Schwindel u. Ä. verantwortlich sein. Kinder vergessen zu trinken und müssen lernen, es in ihre Alltagsabläufe einzuarbeiten, oft ignorieren sie sogar ihren Durst, wenn etwas anderes sie in Atem hält. Daher ist es ratsam, mit den Kindern Trinkregeln aufzustellen. Wir haben die bewährten Trinkregeln aus unserem Kochkurs-Programm noch um Aspekte der Nachhaltigkeit erweitert!

* Trinke gleich nach dem Aufstehen ein Glas Wasser oder Tee.
* Trinke gleichmäßig über den Tag verteilt mindestens einen Liter Wasser, bei hohen Temperaturen entsprechend mehr.
* Trinke nach jeder körperlichen Aktivität (Spielen, Toben, Sport).
* Öfter kleinere Mengen trinken statt selten größere.
* Trinke vor jeder Mahlzeit.
* Trinke, auch wenn du noch keinen Durst hast.
* Vermeide Getränke, die sehr viel Zucker enthalten. Trinke lieber Trinkwasser: pur oder aufgesprudelt, oder Tee.
* Ein Getränk in Reichweite erinnert dich ans Trinken. Stell eine Karaffe mit Wasser auf den Tisch. Leere Becher und Gläser gleich wieder auffüllen.
* Trinke Wasser nur aus dem Wasserhahn, kaufe kein Wasser mehr in Flaschen.
* Kaufe andere Getränke nie aus Plastikflaschen, bevorzuge immer Glasflaschen.
* Stell deine Lieblingsgetränke selbst her.
* Wenn du unterwegs bist, hast du immer Wasser aus der Leitung in einer Trinkflasche dabei.

Zuckerhaltige Getränke sind im Bereich der Kinderernährung derzeit sicherlich eines der größten Probleme. Stellen Sie sich auf harte Kämpfe mit Kindern und Erwachsenen ein, wenn Sie da etwas verändern wollen oder Regeln einführen möchten. Denn den wenigsten ist bewusst, wie schädlich diese frühe und massive Zuckerstimulanz für die Kinder ist. Viele wissen auch nicht, wie viel Zucker wirklich in diesen Getränken ist, und sind schlicht schockiert, wenn man sie darüber aufklärt. Zuckerhaltige Getränke sollten wie eine Süßigkeit behandelt werden. Deshalb empfehlen wir, alle energiehaltigen Getränke zu zwei Dritteln mit Wasser oder Sprudelwasser zu mischen und nie gegen den Durst anzubieten. Aus nachhaltiger Sicht lautet die Faustformel: Verzichte, so gut es geht, auf gekaufte Getränke, die du auch selbst herstellen kannst.

Die Wasserqualität ist in Deutschland hervorragend und wird täglich überprüft, kaum ein anderes Lebensmittel wird so genau beobachtet und kontrolliert. Lediglich beim Zapfen aus dem Hahn kann man mit den ersten paar Litern manchmal warmes und etwas »abgestanden« schmeckendes Wasser abbekommen. Deshalb den Wasserhahn immer erst etwas laufen lassen, fühlt sich das Wasser am Finger kalt an, dann ist es genussfrisch. (Wer auch hierbei nachhaltig bleiben will, der kann das Wasser zum Gießen auffangen.)

Dann bleibt nur noch die Frage, ob man mit Leitungswasser auch genügend Mineralien zu sich nimmt. Der Mineraliengehalt im Trinkwasser ist von Ort zu Ort verschieden. Die örtlichen Wasserversorgungsbetriebe geben darüber Auskunft. Generell ist es so, dass unser Körper gar nicht darauf angewiesen ist, sich Mineralien aus seiner Wasserzufuhr zu holen. Über unsere Nahrung werden wir eigentlich ausreichend mineralisch versorgt. Wasser hat, wie oben beschrieben, andere Funktionen im Körper.

WASSER KONTROVERS

Hintergrund Nachhaltigkeit

Schon gewusst? Im Pazifik schwimmt ein Plastikmüllteppich von der Größe Mitteleuropas.

Wem schon einmal Blumen in der Vase vertrocknet sind, der weiß: Nicht nur wir müssen trinken, auch Pflanzen brauchen ganz schön viel Wasser! Wasser ist für alle Lebewesen wichtig. Die gesamte Wassermenge der Erde bleibt weitgehend gleich, es wird nur ständig »umverteilt«. Der Wasserkreislauf vom Verdunsten über Wolkenbildung zum Regen, Flüssen, Meer und wieder Verdunstung ist ein beliebtes Grundschulthema. Dennoch wird Süßwasser knapp. Wie kann das sein?

WASSER KOMMT UND GEHT!

Wasserwerke bereiten Wasser aus Brunnen, Quellen oder Oberflächenwasser so auf, dass wir es trinken können. Danach wird es in Leitungen gepumpt. Wasserwerke und Leitungsnetze werden kontrolliert, damit das Leitungswasser in Deutschland Trinkwasserqualität hat. In vielen Ländern der Welt gibt es keine unbedenkliche Möglichkeit, Wasser aus der Leitung zu trinken. Wenn wir das Wasser genutzt haben, geht das meiste davon in Abwasserleitungen zum Klärwerk und danach gereinigt in die Flüsse. Haben Sie sich schon einmal Gedanken gemacht, woher Ihr Leitungswasser kommt und wohin Ihr Abwasser geht? Vielleicht haben Sie Gelegenheit, Kläranlagen oder Wasserwerke zu besichtigen.
Wasser kann also wiederaufbereitet werden. Wenn wir einen Blick auf den Globus werfen, sehen wir sogar fast nur Wasser. Auch Salzwasser kann zu Trinkwasser verarbeitet werden, der Aufwand dafür ist allerdings hoch.

WASSERMÜLL

Wenn wir Wasser aus Flaschen und nicht aus dem Wasserhahn trinken, ist das zuerst mal unglaublich teuer: In Berlin kostet ein Kubikmeter Trinkwasser ungefähr fünf Euro. Ein Kubikmeter – das sind 1.000 Liter! Wenn Sie 1.000 Liter abgefülltes Wasser zu 50 Cent kaufen würden, müssten Sie ca. 500 Euro bezahlen! Das ist 100-mal so viel, wie Sie für Trinkwasser bezahlen!
Und dann ist Wasser aus Flaschen auch noch schlecht für die Umwelt. Denn die Flaschen sind meist aus Kunststoff und Einwegflaschen. Das bedeutet, dass sie nur einmal gefüllt und danach offiziell recycelt werden. Für ihre Herstellung benötigt man Erdöl, Energie und Wasser, sie durchlaufen einen langen Weg von der Ölquelle bis zu unserem Mund und landen nach kurzem Gebrauch auf einem Flaschenberg. Ein Nachteil von Kunststoff ist, dass das Material beim Recycling nicht mehr die ursprüngliche Qualität erreicht wie bei der ersten Herstellung. Diese Abwertung wird als Downcycling bezeichnet. Es ist davon auszugehen, dass unsere Flasche nicht wieder unsere Flasche wird, sondern im besten Fall Teil eines Blumentopfs, im schlechtesten wird sie thermisch verwertet – das bedeutet in einer Müllverbrennungsanlage verbrannt. Der Plastikmüll nimmt ständig zu. Während Deutsche in den 70er-Jahren noch durchschnittlich 12,5 Liter Flaschenwasser im Jahr getrunken haben, sind es nun mit 130,8 Liter mehr als 10-mal so viel. Leitungswasser hat eine 1.000-mal bessere Klimabilanz als gekauftes Mineralwasser. Im Film »Plastic Planet« von 2009 sagt Charles Moore von der Algalita Marine Research Foundation, dass

bereits 1999 sechsmal mehr Plastik als Plankton im Meer zu finden waren. Damit nicht genug. Wasser aus Plastikflaschen ist teurer, umweltschädlicher, ungesünder und weniger schmackhaft! In den Flaschen werden Weichmacher verwendet, die sich aus dem Kunststoff lösen und in das Getränk übergehen können. Diese Weichmacher stehen im Verdacht, fruchtbarkeitshemmende Wirkungen zu besitzen und Krebserkrankungen zu fördern.

ZU VIEL UND ZU WENIG

Wasser ist nicht gleichmäßig über die Erde verteilt. Das liegt meistens an natürlichen Gegebenheiten. Es gab schon immer Wüsten und Überschwemmungsland. Wir Menschen verschärfen das Problem, indem wir beispielsweise Wälder, die Wasser speichern können, abholzen, sodass eine Steppe zurückbleibt, aus der Regenwasser direkt ohne Wirkung abläuft. Der ehemalige UNO-Generalsekretär Kofi Annan sagte, der harte Wettbewerb um Frischwasser könnte einmal Kriege auslösen. Die Wasserknappheit verschärft sich, wenn Pflanzen, die viel Wasser brauchen, dort angebaut werden, wo es wenig Wasser gibt. Orangen wuchsen eigentlich in China, dort, wo es viel Wasser gab. Heute bauen wir sie in wüstenähnlichen Gegenden in Spanien oder Israel an, wo wir sie künstlich bewässern müssen. Dort wird Wasser immer knapper. Die Landwirtschaft hat einen permanenten Wasserbedarf. Der ist aber sehr unterschiedlich, und es wäre gut, das zu essen, was nicht künstlich bewässert werden muss. Aber woher wissen wir das? Es gelten die bekannten »Faustformeln«: Pflanzliche Lebensmittel verbrauchen weniger Wasser als tierische, Biolandbau weniger als konventionelle und frische Produkte weniger als verarbeitete.

VIRTUELLES WASSER

Heutzutage ist vieles virtuell: Freundschaften, Arbeit oder Klassenzimmer. Daran gewöhnen wir uns. Aber virtuelles Wasser? Wenn wir vom virtuellen Wasser in einer Tomate sprechen, ist nicht das Wasser gemeint, das wirklich in der Tomate enthalten ist, sondern das Wasser, das die Tomate in ihrem Tomatenleben verbraucht hat, bis sie bei uns auf dem Teller gelandet ist. Messen Sie das gesamte Gießwasser, wenn Sie Tomaten säen und aufziehen. Sie müssen das natürlich durch die Anzahl der Tomaten teilen, die Sie ernten. Wenn die Tomate weit transportiert werden musste, oder in einem beheizten Gewächshaus wuchs, ändert das die Bilanz. Im Durchschnitt verbrauchen Tomaten 184 Liter Wasser pro Kilogramm Tomate. Wird die Tomate verarbeitet, verbraucht das mehr. Ein Liter Ketchup liegt bei 530 Litern Wasser!

NACHGEMACHT!
Tipps und Anregungen

 ———————————

— Exkursionen zu Wasserwerken oder Kläranlagen sind für Kinder und Erwachsene spannend.

— Sehen Sie sich einen Globus an und reden Sie mit den Kindern über die großen Wasserflächen. Probieren Sie Salz- und Süßwasser.

— Richten Sie Kindergartentrinkbrunnen ein! Das vermeidet enorm viel Plastikmüll und wird von den Gesundheitsämtern empfohlen.

— Wenn Sie gerne Wasser mit Kohlensäure trinken, besorgen Sie sich einen Trinkwasser-Sprudler.

— Essen Sie weniger Fleisch und mehr lokales, saisonales Gemüse. Das reduziert Ihren Beitrag zum »virtuellen Wasserverbrauch«.

SPIELWIESE

Spiele und Experimente

DER SOLARE WASSERENTSALZER

Wasser geht kaum verloren und kann immer wiederaufbereitet werden. Weil in Gegenden am Meer das Trinkwasser oft knapp ist, wird hier Meerwasser entsalzt. Das geschieht mancherorts bereits mit Sonnenenergie. Für einen einfachen Solarentsalzer brauchen Sie eine große und eine kleine Schüssel, Salzwasser oder Wasser mit Salz, Frischhaltefolie, einen Kieselstein und einen Gummiring oder Klebeband. Stellen Sie zusammen mit Kindern die kleine, leere Schüssel in die große, und füllen Sie die große Schüssel so hoch mit Salzwasser, dass der Wasserspiegel etwa die halbe Höhe der kleinen Schüssel erreicht, aber nichts in die kleine Schüssel gelangt. Das Salzwasser soll richtig salzig schmecken! Das können alle probieren. Nun bedecken Sie beide Schüsseln zusammen mit Folie, fixieren Sie die Folie mit einem Gummi- oder Klebeband. Legen Sie den Kieselstein in die Mitte der Folie, sodass sich die Folie kegelförmig mit der Spitze nach unten ausformt. Stellen Sie die Schüsseln in die Sonne. Nach einiger Zeit bilden sich, abhängig von der Sonnenstrahlung, kleine Wassertropfen auf der Innenseite der Folie, die zu großen Tropfen anwachsen. Diese wandern aufgrund der Schwerkraft zum tiefsten Punkt der Folie, der Einbuchtung über der kleinen Schüssel und tropfen von dort in die kleine Schüssel hinein. Entfernen Sie die Folie, wenn etwas Wasser in die kleine Schüssel getropft ist, und kosten Sie das Wasser in der kleinen Schüssel. Schmeckt es anders? Durch die eingestrahlte Sonnenenergie in unserem Experiment erwärmen sich das Wasser und die eingeschlossene Luft und die Luft nimmt einen Teil des Wassers auf. Das Salz hingegen bleibt in der Schüssel zurück. Da die Folie kälter ist als die Luft, kondensieren kleine Wassertröpfchen auf ihrer Innen-

seite. Die Tropfen werden langsam größer, und schließlich sind sie so groß, dass sie der Schwerkraft folgend auf der Innenseite der Folie nach unten laufen und dann an der Stelle des aufgelegten Gewichts nach unten tropfen und in der kleinen Schüssel aufgefangen werden. Das Wasser ist nicht salzig, denn das Salz ist nicht mit dem Wasser verdampft.

WASSERSOMMELIER

Dieses Spiel öffnet die Geschmacksknospen für einen Stoff, der nur sehr schwer geschmacklich zu unterscheiden ist: Wasser. Hierfür sollten Sie verschiedene stille Wasser besorgen, z. B. unterschiedliche Marken aus dem Getränkemarkt, Leitungswässer aus verschiedenen Haushalten, einer Trinkwasserquelle und auch Wasser in verschiedenen Temperaturen. Füllen Sie die Wasser in Karaffen und nummerieren Sie diese. Passend dazu können Sie Bewertungsblätter ausgeben. Darauf können die Kinder Farbpunkte aufkleben, die für bestimmte Geschmackseigenschaften stehen: »frisch«, »weich«, »sauer« oder »metallisch«.

WASSER ALS TRANSPORTWEG – WASSER HAT KRAFT

Bauen Sie neue Wasserwege mit den Kindern, beispielsweise eine Pipeline mit Löwenzahnstängel oder transportieren Sie Wasser mithilfe von Händen um die Wette. Schon lange nutzen wir Menschen Wasser zum Transport von Gütern. Wer kann das beste Papierboot bauen? Überlegen Sie, welche Art von Papierboot die meisten Cent-Stücke transportieren kann. Lassen Sie erst schätzen, dann ausprobieren. Mit welchen Materialien würde das noch besser gehen?

WASSER TRAGEN

Wasser kam nicht immer und kommt auch heutzutage nicht überall aus dem Wasserhahn. An vielen Stellen der Welt müssen Menschen täglich viele Kilometer hinter sich bringen, um Wasser zu holen. Dabei balancieren sie oft die Behältnisse auf dem Kopf, gebettet auf einem Kissen oder Tuchring. Das lässt sich nachspielen. Die Kinder können Wasser in Kanistern, Schüsseln oder Eimern (nur bruchsichere, leichte Materialien!) auf den Köpfen tragen und müssen dabei einen kleinen Hindernisparcours zurücklegen. Eine zweite Variante ist das Kellnerspiel, bei dem die Kinder auf einem Tablett 2–3 mit Wasser befüllte Plastikbecher (immense Bruchgefahr bei Glas! Verletzungen!) heil durch den Hindernisparcours balancieren.

ROSINENTEST

Wie wichtig Wasser für unsere Zellen ist, kann man sehr gut mit ein paar Trauben, einem Glas Wasser und ein paar Rosinen demonstrieren. Die Traube ist die satt gefüllte Zelle, die Rosine die durstige Zelle. In ein Glas Wasser geworfen, können die Kinder beobachten, wie sich die Rosine wieder gierig mit Wasser vollsaugt.

SAFTBAR

Machen Sie aus einer Zwischenmahlzeit ein Event. Dafür können die Kinder zunächst einige Früchte entsaften, die gerade Saison haben. Notwendig: ein mechanischer Entsafter. Es sollte auch ein Gemüsesaft (z. B. Möhre) dabei sein.

ZWIEBEL

Lebensmittel des Tages

Die Zwiebel ist eine der ältesten Kulturpflanzen überhaupt. In der Familie der Speisezwiebeln unterscheidet man zwischen Gewürz- und Gemüsezwiebeln, Gewürz- und Heilmittel.

Anbau

Aussaat für den Sommeranbau ab März, Winterzwiebeln Mitte August gesät.

Sonniger Standort.

Böden mit einem ausreichenden Wasserhaltevermögen und guter Struktur.

Steckzwiebeln in ein 4 cm tiefes Pflanzloch setzen, sodass die Spitze gerade noch herausragt.

Anbaupause von 5 Jahren, Getreide (vor allem Weizen und Sommergerste) als Vorfrucht.

Erntezeit: Sommerzwiebeln von August bis September.

Größte Stärke

Würziger Geschmack aufgrund ätherischer Öle. Diese wirken appetitanregend, verdauungsfördernd, antiseptisch, antiarteriosklerotisch, schleimlösend. Bis weit ins 19. Jh. wurden Zwiebeln und Knoblauch als Hauptmittel gegen bakterielle Krankheiten und Entzündungen eingesetzt, später auch als Ersatz für Desinfektionsmittel bei Operationen.

Weitere Zutaten für die Saftbar: Kokosmilch, kalter Tee, Sprudelwasser, Fruchtstücke, Minze oder Zitronenmelisse, Fruchtdicksaft zum Süßen, Molke oder Sauermilch, Sahne. Zum Mischen sollten hohe Gläser bereitstehen, feste wiederverwendbare Strohhalme und Barlöffel zum Umrühren. Nun können alle munter drauf los mischen. Zeigen Sie interessante Mischungen, dabei können Sie auch demonstrieren, dass Flüssigkeiten unterschiedliche Dichte haben und manche sich eher schlecht vermischen. Wenn man eine leichte Flüssigkeit vorsichtig auf eine schwere gießt, kann man den Lageneffekt erzielen. Und natürlich einen Löffel durchziehen und so marmorieren.

ES GEHT AUCH NACHHALTIG – FLEISCH

Fleisch darf sein, aber natürlich möglichst tier- und umweltfreundlich. Wir haben Ideen für einen rücksichtsvollen Konsum gesammelt und machen uns zusammen mit Kindern Gedanken, welche Auswirkungen ein ausgiebiger Fleischkonsum auf unsere Umwelt hat.

BRATHÄHNCHEN

Rezept und Resteverwertung

Lecker mit: Kartoffel-Gemüse-Stampf
Geeignet für: Mittagessen, Festtagsessen
Schwierigkeitsgrad: aufwendig

Frühling	Sommer	Herbst	Winter

Für das Brathähnchen: 1 Hähnchen (ca. 1,5–2 kg), 1 kleine Knolle Sellerie, 3 Möhren, 1 Stange Lauch, 1 kleiner Apfel, 2 Knoblauchzehen, 1 Zwiebel, 1 Bund Petersilie, 3 Pimentkörner, 1 Lorbeerblatt

Für die Bratensoße: ¼ Liter Hühnerbrühe, 1 TL Tomatenmark, 1 Zwiebel, 2 EL Rapsöl, ½ l Sahne, Salz, Pfeffer

SPINATSTAMPF	ERBSENSTAMPF	PASTINAKENSTAMPF	STECKRÜBENSTAMPF
1 kg Kartoffeln	1 k g Kartoffeln	1 kg Kartoffeln	1 kg Kartoffeln
500 g Spinat	500 g frische Palerbsen	500 g Pastinaken	500 g Steckrüben
0,2 l Milch	0,2 l Milch	0,2 l Milch	0,2 l Milch
Muskatnuss	Muskatnuss	Muskatnuss	Muskatnuss
1 EL Rapsöl	1 EL Rapsöl	1 EL Rapsöl	1 EL Rapsöl
1 Bund glatte Petersilie	½ Bund Minze	1 Bund glatte Petersilie	1 Bund Majoran

Und so geht's:

1. Ofen auf 200 °C vorheizen. Gemüse für das Brathähnchen putzen und in kleine Würfel schneiden. Würfel in einen Bräter geben. Leicht salzen.

2. Hähnchen von außen und innen salzen und eine Handvoll Gemüse mit dem gewürfelten Apfel in den Bauchraum geben. Die Knoblauchzehen und ½ Bund Petersilie hinzugeben und nun die Öffnung verschließen, indem Sie beide Keulen mit Küchengarn zusammenbinden.

3. Die restlichen Kräuter und Gewürze über das Gemüse geben und das Hähnchen mit der Brust nach unten auflegen. Im Backofen bei 200 °C etwa eine Stunde braten. In den ersten 30 min den Deckel des Bräters aufsetzen. Von da ab das Hähnchen regelmäßig mit Bratensaft übergießen.

4. Nach 50 min wenden Sie das Hähnchen mit der Brust nach oben. Wenn Sie es gerne knusprig mögen, können Sie die Haut mit Salzwasser bestreichen.

5. Für den Stampf die Kartoffeln schälen und würfeln, in Salzwasser 25 min weich kochen. Je nach Garzeit das jeweilige Gemüse zufügen. Sobald die Kartoffeln und das Gemüse gar sind, abgießen und in eine Rührschüssel geben.

6. Milch aufkochen und über das Kartoffelgemüse gießen. Öl und Gewürze hinzugeben und mit dem Kartoffelstampfer gut durchstampfen.

7. Für die Soße Zwiebel in Öl andünsten und Tomatenmark hinzugeben. Kurz anrösten. 6 EL Bratengemüse hinzugeben. Mit Brühe und ⅛ l Bratensaft ablöschen und köcheln lassen. Gewürze hinzugeben und alles gut durchpürieren. Mit Sahne aufgießen und kurz aufkochen lassen.

8. Kräuter hacken und unter die Soße mischen.

9. Hähnchen zerteilen, zusammen mit Gemüsestampf und Soße servieren.

ALLES MUSS WEG!

* **Geflügelsalat:** Klassiker. Ein guter Geflügelsalat braucht immer ein fruchtiges Gemüse oder Obst, ein kohlenhydratreiches Gemüse und ein bis zwei weitere saftige, frische Komponenten. Dazu sollte man eine leichte Vinaigrette oder Joghurtsoße reichen. Hier ein Vorschlag: Sie vermengen das klein geschnittene Hähnchenfleisch mit fein gewürfeltem Apfel, Möhren, Porree und bissfest gegarten Linsen. Für eine Soße verrühren Sie Joghurt mit etwas Honig und kräftig Salz und Pfeffer. Nun wird ein Bund gehackte, glatte Petersilie untergehoben und das Ganze mit 3–4 EL Nussöl verrührt.

* **Hühnerfrikassee:** Klassiker Nr. 2. Kohlrabi, Möhren, Spargel und Erbsen klein schneiden und entsprechend bissfest blanchieren. Mit 2 EL Butter und 2 EL Mehl eine Schwitze herstellen, mit 250 ml Brühe und 250 ml Milch ablöschen, aufkochen lassen und so eine Bechamelsoße zaubern. Mit einem Bund Estragon, 1 Messerspitze Muskatnuss, einem Spritzer Weißweinessig und einer Brise Zucker würzen. Zuletzt Gemüse und gewürfeltes Hähnchenfleisch unterheben, warm werden lassen und mit gegartem Dinkel, Weizen oder Gerste servieren.

KOCHEN MIT FLEISCH UND KARTOFFELN

Nachhaltige Küchenpraxis

Der nachhaltigste Fleischkonsum basiert auf Tieren, die quasi vor der eigenen Haustür leben. Das sind entweder artgerecht gehaltene Nutztiere aus der Biolandwirtschaft oder Wild. Wer beim Fleischeinkauf nachhaltig handeln will, sollte immer ganze Stücke oder ganze Tiere kaufen. Ideal wäre der Erwerb eines Tieres direkt vom Erzeuger und von diesem für den Gefrierschrank vorbereitet und zerlegt. Wofür welche Fleischteile geeignet sind, finden Sie auf Seite 198.

EINMAL KOCHEN – ZWEIMAL ESSEN

Dafür geben Sie gewürfeltes Suppengemüse in einen Topf mit ca. 2 l kaltem Wasser. Hinzu kommen 1,5 kg rohes Fleisch (1 Hühnchen, Kalbsbrust, Tafelspitz), 2 TL Salz, 3 Pfefferkörner, 1 Messerspitze Zimt, 2–3 Pimentkörner. Nun kochen Sie das Fleisch mindestens 1,5 Std. gar, evtl. müssen Sie Wasser nachgießen, es sollte ca. 1 Liter Brühe übrig bleiben. Das Rindfleisch sollte mürbe und weich sein, was nur durch langes Kochen erreicht wird. Nun haben Sie eine gute Fleischbouillon und gegartes, zartes Fleisch. Daraus ergeben sich mindestens zwei Mahlzeiten.

Mahlzeit Nr. 1: **Fleisch mit Gemüse.** In der Brühe wird gewürfeltes Knollen- und Wurzelgemüse gar gekocht, das erhöht auch noch mal den Geschmack der Bouillon. Das Fleisch in Scheiben schneiden und zusammen mit dem abgeseihten Bouillon-Gemüse und einer Kräuter-Schmant-Soße servieren. Hierfür werden frische Kräuter mit Schmant püriert und mit Pfeffer, Salz und Kräuteressig gewürzt. Probieren Sie doch auch mal einen der vielen anderen Dips in diesem Buch zu gekochtem Fleisch aus. Weitere Tipps für gekochtes Fleisch finden Sie auch oben bei der Resteverwertung.

Mahlzeit Nr. 2: **Eintopf.** Kochen Sie gewürfeltes Gemüse und Kartoffeln in der Fleischbrühe gar und geben Sie Dinkelvollkornspätzle oder Suppennudeln hinzu. Mit gehacktem Liebstöckel, Petersilie und Schnittlauch überstreuen.

WILD – EINE DELIKATESSE

Wildfleisch wird ebenso vielseitig angeboten wie das Fleisch der Haustierrassen. Betrachten Sie Wild nicht als Ausnahme oder Festessen, bauen Sie es selbstverständlich in Ihren Speiseplan ein und probieren Sie Ihre Lieblingsrezepte mit Fleisch mal mit Wild aus. Natürlich ist das erst mal eine geschmackliche Umstellung. Wer sich den Einstieg erleichtern will, wählt zum Wild mild-sahnige Pürees, fruchtig-süßes Gemüse oder fruchtige Soßen. Das mögen Kinder meist auch gern. Die größte Sorge bei der Zubereitung von Wild ist, die Saftigkeit des Fleisches nicht zu verlieren. Dafür gibt es ein paar Tricks. Zunächst sollte die sehnige Außenhaut des Wildfleischs genau entfernt werden. Das Fleisch kann dann über Nacht in eine Brühe eingelegt werden, damit es sich mit Wasser in den Außenschichten vollsaugt. Beim Braten tritt zuerst dieser Saft aus und die ursprüngliche Saftigkeit wird dadurch behalten. Marinieren in Buttermilch oder Milch und natürlich auch in Würzmarinaden hilft ebenfalls gegen Trockenheit. Tiefgefrorenes Wildfleisch ist mürber und wird bei der Zubereitung meist zarter als frisches.

FLEISCH & KARTOFFELN – UNZERTRENNLICH?

Fleisch und Kartoffeln sind, neben Weizen, wohl die liebsten Nahrungsmittel der Deutschen. Ob nun Pichelsteiner Eintopf oder Currywurst mit Pommes. Überall trifft in unserer Küche Fett auf Kohlenhydrate. Meist sind diese Gerichte aber zu energiehaltig und auch nicht nachhaltig, könnte man doch mit einem Teil des Essens mühelos und meist gesünder satt werden. Eine nachhaltige Speise sollte maximal eine »Energiebombe« enthalten und diese perfekt in Szene setzen. Die Kartoffel ist wahrscheinlich das vielseitigste Lebensmittel überhaupt und viel zu schade, um ihr nur eine Nebenrolle als Beilage zu geben. Für die nachhaltige Küche können wir von der Kartoffel lernen, was es heißt, ein Lebensmittel vielseitig und kreativ zuzubereiten.

KARTOFFEL IM ZENTRUM

Reibekuchen sind eine schnelle Verarbeitungsmethode für Kartoffel oder Wurzelgemüse. Kartoffeln raspeln, salzen und kurz ruhen lassen, Wasser auspressen und Kartoffelraspel löffelweise in heißem Öl zu Küchlein goldgelb ausbacken. Sie können die Kartoffeln hälftig mit Gemüseraspeln mischen. Kartoffelpuffer eignen sich als Beilage zu Gemüseragouts oder Fleischgerichten. Frische, knusprige Reibekuchen mögen Kinder aber immer noch am liebsten zusammen mit einer Portion selbst gemachtem Apfelkompott.

In Achtel geschnittene **Kartoffeln, im Ofen** gebacken, sind die gesunde Alternative zu Pommes frites. Die Kartoffelspalten werden in einer Schüssel mit etwas Öl und Gewürzen (ideal: Cayennepfeffer, Salz, Rosmarin) mariniert und dann auf einem Backblech auf Papier bei 200 °C knusprig goldbraun gebacken. Werden die Spalten zwischendurch gewendet, wird das Ergebnis gleichmäßiger. Zusammen mit einem Dip (Kapitel 1) und einem Salat ist das ein perfektes Mittag- oder Abendessen.

EIWEISSLIEFERANT FLEISCH

Hintergrund Ernährung

Fleisch enthält vor allem hochwertiges Eiweiß, Eisen, Zink, Selen sowie Vitamine der B-Gruppe. Hervorzuheben ist der hohe Gehalt von Eisen, das vom menschlichen Körper sehr leicht aufgenommen werden kann. Schweine- und Rinderleber gehören außerdem zu den wichtigsten Quellen für Vitamin A. Berühmt als Geschmacksträger und in Verruf geraten durch den Irrglauben, es mache an sich schon dick, ist das Fett im Fleisch. Doch Fett ist ein Nährstoff, den wir unserem Körper im richtigen Maß zuführen müssen. Tierisches Fett wird hierbei schlechter bewertet als pflanzliches, da pflanzliche Öle mehr ungesättigte Fettsäuren enthalten. Geflügel enthält in der Regel weniger Fett als Rind und Schwein und verfügt über einen vergleichsweise hohen Anteil an Vitaminen der B- und C-Gruppe, Niacin sowie Mineralstoffen.

VEGETARISMUS BEI KINDERN

Unentbehrlich ist Fleisch in der Kinderernährung nicht, denn auch pflanzliche Lebensmittel wie Getreide und Hülsenfrüchte sind reich an Eiweiß und Eisen. Damit der Körper beides richtig verwerten kann, müssen diese Lebensmittel geschickt miteinander kombiniert werden. Es empfiehlt sich daher für Vegetarier, eisenhaltige Lebensmittel wie Vollkornbrot, Hirse, Rote Bete und grünes Blattgemüse mit Vitamin C zu verarbeiten. Achten Sie darauf, dass Sie eiweißreiche pflanzliche Lebensmittel wie Hirse, Soja (Tofu), Hülsenfrüchte und Nüsse hin und wieder auch mit Milchprodukten und Eiern zubereiten. Vitamin B_{12} findet sich in Milch und Milchprodukten oder Sauerkraut, sodass Vegeta-

rier hier ihre Versorgung verbessern können. Eine vegane Ernährung empfiehlt sich aufgrund der Nährstoffmangelgefahr für Kinder nicht, zumal Kinder, die sich vegan ernähren, bei der Essensauswahl bezüglich der richtigen Nährstoffzufuhr auf die Kompetenzen ihrer Eltern angewiesen sind.

NACHHALTIG FLEISCH KONSUMIEREN

Nachhaltiger Genuss von Fleisch bedeutet zuallererst Respekt vor dem Lebensmittel, also Respekt vor dem Tier. Gerade wer Fleisch essen und genießen möchte, sollte sich klarmachen, dass die Qualität des Fleisches von der Lebensqualität des Tieres abhängt. Hatte ein Nutztier ein gutes Leben, konnte es sich im Freien bewegen und frisches Gras fressen, so hat dies einen unmittelbaren Effekt auf seine Fleischqualität. Das Fleisch eines Tieres, das nicht eingepfercht im Stall gehalten wurde, hat beispielsweise einen höheren Anteil an ungesättigten Fettsäuren. Diese Qualitäten weist auch das Wildfleisch auf. Wildtiere haben keine Antibiotika bekommen und kennen auch keine anderen Medikamente, sie fressen reinstes »Biofutter« und bewegen sich reichlich. Da Wolf und Bär bei uns eher selten vorkommen, muss der Bestand dem Lebensraum des Wildes entsprechend vom Jäger reguliert werden, um das Ökosystem zu erhalten. Schaf- und Lammfleisch aus der nachhaltigen Schäferei sind ebenfalls eine gute Alternative. Wechseln Sie beim Geflügel mal zu anderen Haustierrassen aus biologischer Haltung: Gans und Ente dürfen nicht nur zu Weihnachten auf den Tisch kommen.

KLEINE WARENKUNDE FLEISCH

Während viele Fleischer in den 1990er-Jahren an dem mangelnden Wissen ihrer Kunden verzweifelten, wächst heute das Interesse an der Herkunft und der Verarbeitung von Fleisch. Fleischer bieten beispielsweise Zerlege-Workshops an oder verkaufen ihr Fleisch auch unzerlegt. Beim Erzeuger können Sie ganze Tiere erwerben, die fürs Einfrieren vorportioniert zerlegt wurden. Grundsätzlich aber gilt: Fleisch immer beim Metzger, an der Fleischtheke oder direkt beim Erzeuger kaufen. Abgepacktes Fleisch sollte gemieden werden, da das Fleisch nicht immer frisch ist (Mindesthaltbarkeit beachten).

* Rindfleisch muss nach der Schlachtung mindestens zwei Wochen (besser sechs Wochen) bei 1–2 °C im Kühlhaus reifen. Nicht gereiftes Fleisch ist hart und zäh. Das verkaufsfertige Fleisch soll glänzen, ohne feucht zu sein, es kann sogar trocken erscheinen. Die Farbe sollte rot bis rotbraun (Fett hellgelb) sein und eine gleichmäßige Marmorierung haben.

* Kalbfleisch muss nur ein paar Tage reifen. Gutes Kalbfleisch ist rosa bis dunkelrosa.

* Schweinefleisch benötigt im Gegensatz zu Rindfleisch keine Reifezeit. Schweinefleisch sollte rosig und glänzend sein, das Fett hell.

* Schaffleisch muss 1–2 Wochen abhängen und zeichnet sich durch einen geringen Verfettungsgrad aus. Lamm reift in 4–7 Tagen. Das Fett darf nicht ranzig sein.

* Wildfleisch darf nur 2–3 Tage in kühler Atmosphäre reifen und sollte dann verarbeitet oder eingefroren werden. Frisches Wildfleisch ist prall und glänzend und sieht keinesfalls trocken aus. Fett und Speck vom Wild kann ranzig werden. Wild eignet sich gut zum Einfrieren, sodass sich der Erwerb eines ganzen Tieres (direkt vom Erzeuger) durchaus empfiehlt.

FLEISCHKONSUM

Hintergrund Nachhaltigkeit

Schon gewusst? Würden sämtliche Deutschen einen fleischfreien Tag einlegen, sparte das jährlich 9 Millionen Tonnen CO_2. Das entspräche 75 Milliarden Pkw-Kilometern.

Menschen ernähren sich seit Jahrtausenden von Fleisch. Während die Menschen früher wussten, was für ein Tier sie essen, da sie es selbst gejagt oder aufgezogen haben, ist bei einer modernen Kochwurst nicht klar, was in ihr steckt. Der Bezug zum Tier ging verloren, der Konsum von Fleisch stieg. Die industrielle Landwirtschaft steigert die weltweite Fleischproduktion weiter.

Aber die Sicht auf Fleisch ändert sich – auch aufgrund von Lebensmittelskandalen. Die Menschen interessieren sich mehr und mehr wieder dafür, was auf ihrem Teller landet. Das sind zurzeit übrigens noch 4 Rinder, 4 Schafe, 12 Gänse, 37 Enten, 46 Schweine, 46 Puten und 945 Hühner für jeden von uns hierzulande im gesamten Leben. Haben Sie je ein Tier gegessen, das Sie vorher kennengelernt haben? Wissen Sie, wie die Nutztiere leben?

WIE LEBT MEIN STEAK?

Massentierhaltung bedeutet für ein Schwein, dass es bei sogenannter »Dänischer Aufstallung« ein Drittel Quadratmeter »Lebensraum« hat. Damit treten lokal alle Probleme auf, die bereits bei Monokulturen in Kapitel 3 oder Fischfarmen in Kapitel 5 beschrieben wurden. Das sind sich schnell ausbreitende Krankheiten, hoher Anfall von Fäkalien sowie Verlust der Artenvielfalt. Bei dem derzeitigen Fleisch- und Tierproduktkonsum und den derzeitigen Fleischpreisen kommt die Landwirtschaft nicht ohne Massentierhaltung aus. Haben Sie schon einmal eine Massentierhaltung besucht? Meist ist es aus hygienischen Gründen verboten, die Ställe zu betreten. Allerdings gibt es mitunter Gelegenheit, leere Ställe anzusehen.

MEIN STEAK HAT HUNGER

Viele Tiere essen viel Tierfutter. Die meisten landwirtschaftlichen Flächen weltweit werden zur Erzeugung von Futtermitteln für Tiere genutzt. 60 Prozent des deutschen Getreides und 70 Prozent der Ölsaaten landen in den Mägen von Tieren. Ein Drittel des Futters muss importiert werden, vor allem aus Südamerika. Der WWF geht davon aus, dass Deutschland eine Fläche von sieben Millionen Hektar Land – so groß wie Bayern – außerhalb der EU benötigt, davon 40 Prozent für Soja, das hauptsächlich als Futtermittel eingesetzt wird. Auch Sarah Wiener schreibt: »Auf dem Weg vom Tierfutter bis zum Stück Fleisch (…) gehen (…) 65 bis 90 Prozent der im Futter enthaltenen Energie verloren.« Haben Sie schon mal ein Tier aufgezogen und beobachtet, was es alles frisst? Gedankenspiel: Stellen Sie sich vor, Sie würden das Futter selbst anbauen – wie groß wäre die Fläche dafür?

MEIN STEAK HAT DURST

Die pflanzliche Nahrung, die Nutztiere in ihrem Leben konsumieren, verbraucht viel Wasser. Also verbraucht Fleisch viel virtuelles Wasser (Kapitel 6). Für ein 200-g-Steak werden 3.100 Liter Wasser eingesetzt. Die dazu gegessenen 200 g Kartoffeln brauchen nur 51 Liter, das ist ein Sechzigstel davon.

MEIN STEAK MACHT'S HEISS

Fleischkonsum ist ein Grund für den menschengemachten Treibhauseffekt und damit für den Klimawandel. Das liegt daran, dass für unsere Tiere Futter angebaut und dafür Regenwald gerodet wird, was sich auf das Weltklima auswirkt. Wald speichert den Kohlenstoff über Jahrzehnte in alten Bäumen. Wenn die Flächen landwirtschaftlich genutzt werden sollen, werden sie oft durch Brandrodung entwaldet. Dabei geht der Kohlenstoff als Kohlendioxid in die Luft und verursacht so den Treibhauseffekt, der zum Klimawandel führt. Außer der Landnutzung entstehen Treibhausgase bei der Atmung und in der Gülle, bei der Verarbeitung, dem Transport und der Verpackung. Die Produktion von einem Steak verursacht einen mehr als doppelt so hohen Treibhausgasausstoß wie Fisch oder zwölfmal so viel wie Tofu der jeweils gleichen Menge. Und das bedeutet: Wenn wir mehr Fleisch essen, ändert sich das Klima. Es wird vielleicht trockener, vielleicht nasser, sehr wahrscheinlich aber wärmer.

Unsere Landwirtschaft ist dem bisherigen Klima angepasst und funktioniert nicht mehr so gut, wenn sich das Klima ändert. Wir müssen also noch mehr Wälder abholzen und neue Flächen erschließen, das wiederum beeinflusst das Klima .

IST EIN TOFU-STEAK AUCH EIN STEAK?

Immer mehr Menschen in Deutschland und den USA ernähren sich vegetarisch oder sogar vegan – also ganz ohne tierische Produkte. Daher gibt es auch immer mehr vegetarische und vegane Produkte zu kaufen. Wenn wir unseren Fleischkonsum halbieren würden, könnten wir 1,8 Millionen Hektar Land »einsparen«. Probieren Sie den fleischlosen Tag, die fleischlose Woche oder einen fleischlosen Monat aus, je nachdem, wie schwer es Ihnen fällt, auf Fleisch zu verzichten. Was fehlt Ihnen und was fanden Sie gut oder spannend? Mögen die Kinder das vegetarische Essen?

MEIN STEAK IST BIO

Auch bei Fleisch gilt, dass Biofleisch meist weniger negative Auswirkungen hat als konventionelles, aber teurer ist. Das liegt schon alleine daran, dass das Futtermittel umwelt- und ressourcenschonender angebaut wurde. Aber auch die Tierhaltung unterscheidet sich. Allerdings gibt es auch in der Biolandwirtschaft Massentierhaltung. Die Tiere haben ein bisschen mehr Platz und Bewegung. Auf Verpackungen von Fleisch und Fleischprodukten finden Sie eine Menge verschiedener Qualitätssiegel, und es ist schwierig, da durchzusteigen! Die in Kapitel 3 beschriebenen Biolabel gelten auch hier. Hier kommt noch das Neuland-Siegel hinzu, das von Tierhaltungsseite besonders empfehlenswert ist, auch wenn es sich hier nicht um Biofleisch handelt.

NACHGEMACHT!
Tipps und Anregungen

 ————————————

— Besuchen Sie landwirtschaftliche Betriebe und schauen Sie sich die unterschiedlichen Lebensbedingungen von Tieren an.

— Essen Sie weniger Fleisch, probieren Sie mal vegane Produkte, wie verschiedene Sorten Tofu oder Seitan, aus.

— Wenn Sie Fleisch essen, entdecken Sie dabei neue Sorten und Arten und setzen Sie dabei auf »bio«. Probieren Sie Wild oder öfter auch mal Schaf- oder Lammfleisch und unterstützen Sie so einen regionalen Schäfer. Wechseln Sie auch beim Geflügel die Arten. Gans darf es nicht nur zu Weihnachten geben.

SPIELWIESE

Spiele und Experimente

BRATWURST SELBER MACHEN

Bei den Hoffahrten zu einem unserer Kooperationshöfe in Thüringen, dem Naturerlebnishof Hausen, stellen unsere Kochkurskinder im Rahmen des Programms »Vom Stall zur Bratwurst« selbst Würste her. Einhellige Meinung: »Das ist die leckerste Bratwurst meines Lebens!« Wer geschmackvolle und frische Bratwurst essen will, muss sie also selber machen – mit unserem Rezept geht das ganz einfach. Noch dazu können Sie Ihre Bratwurst auch mal ungewöhnlich würzen oder ganz andere Fleischsorten ausprobieren: Lamm etwa oder Ente. Den Naturdarm können Sie beim Fleischer bestellen. Hier ein klassisches Rezept:

Zutaten für 10–20 Stück (je nach gewünschter Wurstlänge): 750 g Schweinefleisch (z. B. Schulter), 250 g roher fetter Speck (nicht gesalzen, nicht geräuchert), 1 Ei, 50 ml kalte Milch, 1 Zwiebel, 1 Knoblauchzehe, 4 Stängel Majoran, je 1 TL Salz und frisch gemahlener Pfeffer, etwa 3 m Bratwurstdarm.

Und so geht's: Fleisch und Speck grob würfeln und durch die grobe Scheibe des Fleischwolfs drehen. Ei und Milch verquirlen und dazugießen. Zwiebel und Knoblauch abziehen, Majoranblättchen abzupfen, alles fein hacken und zugeben. Mit Salz und Pfeffer kräftig würzen und alles gut vermengen. Den gewässerten Darm auf die Wursttülle des Fleischwolfes ziehen, das Ende zuknoten. Wer keine Wursttülle am Fleischwolf hat, kann die Masse auch in einen Spritzbeutel mit großer Lochtülle geben. Den gewässerten Darm auf die Tülle ziehen und die Masse (nicht zu fest!) in den Darm füllen. Die Würste, je nach Wunschgröße alle 10–20 cm abbinden.

DIE WETTERFRÖSCHE

Um zu wissen, ob sich das Klima wandelt, müssen wir das Wetter über lange Zeit beobachten. Grob gesagt, ist das Klima das durchschnittliche Wetter über 30 Jahre. Denn es gibt ja immer mal einen warmen Winter oder einen kalten Sommer. Erst der Durchschnitt über lange Zeit sagt etwas über wirkliche Klimaänderungen aus. Mit Kindern können wir also keine Klimaänderungen beobachten, aber das Wetter. Sprechen Sie mit Kindern: Was gehört alles zum Wetter? Dann überlegen Sie, wie wir das messen können. Jeden Morgen können wir zusammen über das Wetter sprechen. Regnet es? Ist es nebelig oder bewölkt? Scheint die Sonne? Sie können verschiedene Wetterbilder malen und mit dem aktuellen Wetter vergleichen.

DIE WETTERFORSCHER

Legen Sie ein Wetterbuch an. Ist es kalt? Was müssen wir anziehen, um nicht zu schwitzen und nicht zu frieren? Wir können die Außen- und die Innentemperatur mit der Farbskala messen: Heute ist es rot – also sehr warm –, übermorgen blau – also sehr kalt. Drinnen bleibt es immer warm – zwischen grünem und gelbem Bereich. Wie kommt das?

Wir können den Wind subjektiv bestimmen (ich finde es heute windig), Drachen steigen lassen, Windspiele beobachten oder sogar einfache Windmessgeräte bauen. Entweder bauen wir ein Schalenkreuzanemometer mit zwei Pappstreifen und vier kleinen Bechern (einer in einer anderen Farbe), einem Strohhalm und einem Nagel. Der Nagel hält die Pappstreifen und steckt in dem Strohhalm. Die Becher sind an die Pappstreifen geklebt. Wir können zählen, wie oft sich das Rad in einer be-

stimmten Zeit (zum Beispiel in zehn Sekunden) dreht. Oder ein Messgerät mit einer »Windplatte«, die sich in den Wind dreht, eine Skala hat und an der ein Tischtennisball an einer Schnur hängt. Natürlich gibt es auch professionelle Wetterstationen – zum Teil auch mit Displays für Kinder – oder Barometer, bei denen der Luftdruck bestimmt wird und wir wissen, ob wegen des Tiefdruckgebiets mit Regen zu rechnen ist. Das ist eher was für echte Wetterfrösche!

MEIN STEAK WIRD EIN TREIBHAUS!

Es ist schwer zu verstehen, wie es einen weltweiten Treibhauseffekt geben kann und dass das mit unserem Konsum, beispielsweise von Fleisch, zusammenhängt. Modellhaft denken können Menschen – laut Entwicklungsforschung – erst ab 12 Jahren. Dennoch können manche Zusammenhänge ver-

standen werden. So zum Beispiel, dass es um unsere Erde herum eine Atmosphäre gibt, die uns das Leben ermöglicht. Sprechen Sie mit Kindern über die Erde und das Weltall. Kinder finden das Thema spannend, auch wenn es abstrakt scheint. An Raumanzügen können sie erkennen, dass wir auf der Erde atmen können, aber auf dem Mond nicht, denn Raumanzüge ähneln Taucheranzügen. Die Erfahrung, dass wir unter Wasser nicht atmen können, haben sie bereits gemacht. Die Atmosphäre führt dazu, dass wir angenehme Temperaturen auf der Erde haben. Wird die Schicht dicker, wird es wärmer und irgendwann nicht mehr so angenehm. Führen Sie zusammen Temperaturmessungen in unserem selbst gebauten Treibhaus (Kapitel 3) durch. Es wird in einem Treibhaus immer wärmer sein als draußen. Wird die Schicht immer dicker, der Treibhauseffekt immer stärker, dann wird es immer wärmer und das Klima ändert sich.

• •

KARTOFFEL
Lebensmittel des Tages

❋ ———————————————————— ❋

Die Kartoffel kommt aus den Anden in Südamerika, Inkas bauten sie schon vor 3.000 Jahren an. In Preußen ließ König Friedrich der Große (2. Hälfte des 18. Jh.) die Saatknollen anbauen und rettete somit die Bevölkerung im Siebenjährigen Krieg vor dem Verhungern.

Anbau

Im Frühjahr werden Erdhügel »Dämme« geformt.

Beim Pflanzen 25–40 cm Pflanzabstand, Faustregel: Je größer der Abstand beim Pflanzen, desto größer die Knolle.

Bei einer frühen Ernte werden Kartoffeln unter Folie geschützt.

Ernte nennt man Rodung.

Erntezeit: Juni bis Ende Oktober.

Größte Stärke

Sättigung! Bei 20 % Stärkeanteil und vielen Ballaststoffen wird man garantiert satt. Die hochwertige Eiweißzusammensetzung hilft dabei zusätzlich. Um wertvolle Inhaltsstoffe vor Ausschwemmung zu bewahren, sollten Kartoffeln immer mit Schale gekocht werden.

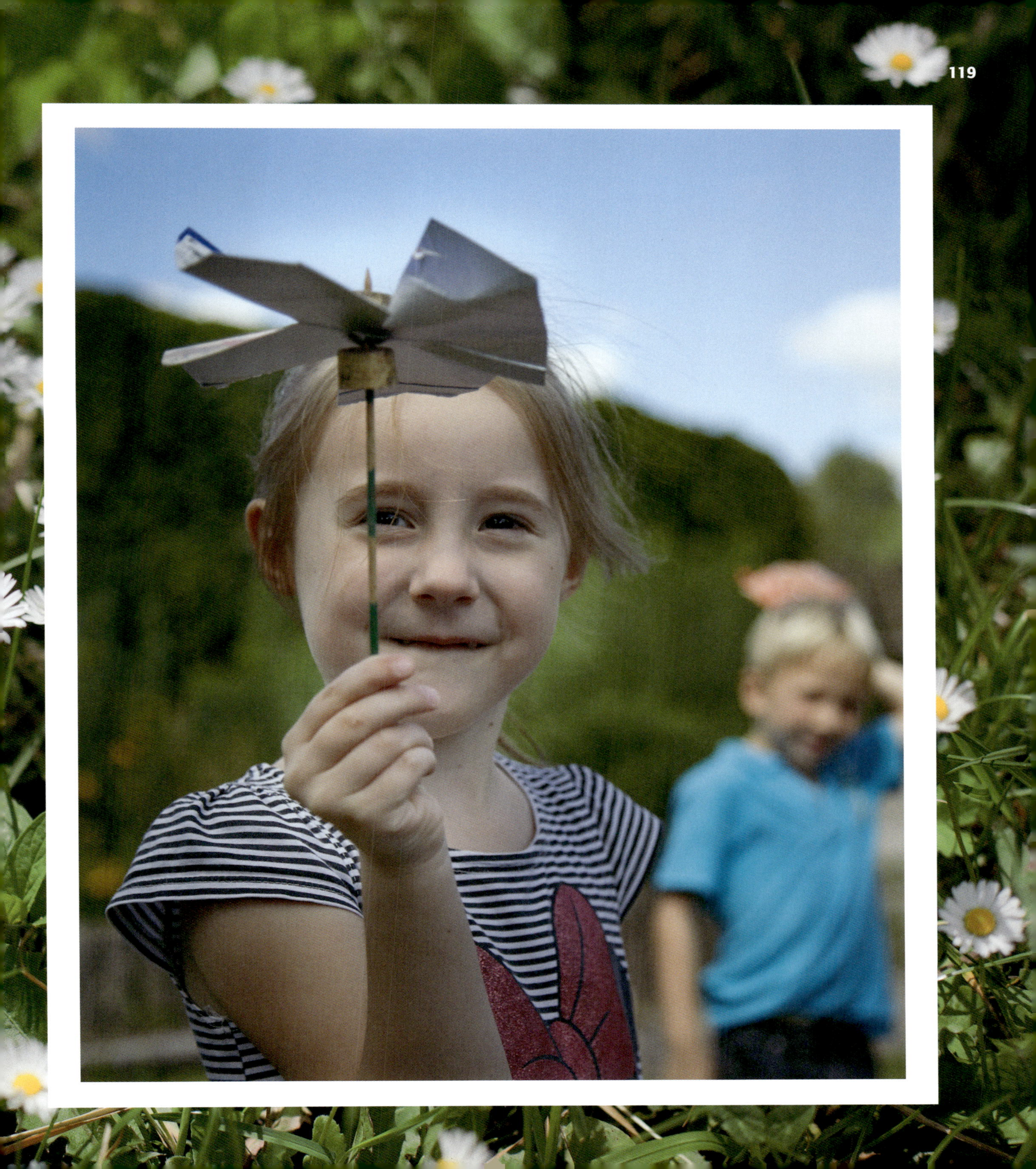

WELTKÜCHE – ERNÄHRUNG GLOBAL

Wir laden die Kinder zu einer kleinen Weltreise ein und machen dabei einen etwas längeren Stopp am Mittelmeer. Und natürlich wollen wir wissen, was die Globalisierung aus unserer Ernährung gemacht hat.

SPAGHETTI MIT GEMÜSE

Rezept und Resteverwertung

Geeignet für: Mittagessen
Schwierigkeitsgrad: mittelschwer

Frühling	Sommer	Herbst	Winter
2 Bund Frühlingszwiebeln	2 Paprika	2 Petersilienwurzel	3 Stangen Lauch
3 Möhren	2 Zucchini	250 g grüne Bohnen	250 g Rosenkohl
1 Blumenkohl	2 Aubergine	3 Möhren	3 Möhren
1 Zwiebel	1 Zwiebel	1 Zwiebel	1 Zwiebel
1 kleine Dose Tomaten	5 Tomaten	5 Tomaten oder 1 kleine Dose Tomaten	1 kleine Dose Tomaten
1 Bund Basilikum	1 Bund Basilikum	1 Bund Basilikum	1 Bund Basilikum
2 Knoblauchzehen	2 Knoblauchzehen	2 Knoblauchzehen	2 Knoblauchzehen
3 EL Tomatenmark	3 EL Tomatenmark	3 EL Tomatenmark	3 EL Tomatenmark
5 EL Rapsöl	5 EL Rapsöl	5 EL Rapsöl	5 EL Rapsöl
Salz, Pfeffer, Paprikapulver (edelsüß), Vollrohrzucker	Salz, Pfeffer, Paprikapulver (edelsüß), Vollrohrzucker	Salz, Pfeffer, Paprikapulver (edelsüß), Vollrohrzucker	Salz, Pfeffer, Paprikapulver (edelsüß), Vollrohrzucker
1 kg Vollkornspaghetti	1 kg Vollkornspaghetti	1 kg Vollkornspaghetti	1 kg Vollkornspaghetti
3 TL Salz	3 TL Salz	3 TL Salz	3 TL Salz

Und so geht's:

1. Zuerst das Wasser in einem großen Topf zum Kochen bringen (mit geschlossenem Deckel).
2. Das Gemüse waschen und in kleine Würfelchen schneiden. In eine Schüssel geben und beiseitestellen.
3. Die Zwiebel schälen und in Würfel schneiden.
4. Öl in eine heiße Pfanne geben und Zwiebel hineingeben und etwas andünsten.
5. Das übrige Gemüse, bis auf die Tomaten dazugeben und kurz anbraten. Salzen, Pfeffern und das Paprikapulver darüberstäuben und den Knoblauch darüberpressen. Knoblauch sollte nicht zu scharf angebraten werden, dabei wird er bitter. Deshalb sofort mit den Tomaten »ablöschen«. Getrocknete Kräuter sollten jetzt hinzugegeben werden.
6. Nun das Tomatenmark und 1 TL Vollrohrzucker mit dem Gemüse verrühren. Nach Bedarf etwas Wasser hinzufügen. Das Ganze rund 20 min leicht köcheln lassen.
7. Nudeln nach Packungsangabe kochen. Salz in das Wasser geben. Mit einem großen Rührlöffel die Nudeln umrühren, damit alle mit Wasser bedeckt sind.
8. Nudeln abgießen und servieren. Die Kräuter in die Gemüsebolognese rühren und ebenfalls sofort servieren.
9. Zur Einführung von Vollkornspaghetti kann man diese zu Anfang mit normalen Spaghetti mischen.

ALLES MUSS WEG!

❋ **Pizza** ist traditionell ein Resteessen. In Italien kommen Schinken, Wurst, Käse oder Gemüsereste auf einem Pizzateig zu neuen Ehren. Alles, was wegmuss, wird in kleine Würfel geschnitten, auf der Pizza verteilt und im Ofen gebacken. Traditionell wurde Pizza vor Jahrhunderten mit Vollkornteig erfunden und bis vor wenigen Jahrzehnten auch überall noch so hergestellt. Und aus gutem Grund: Vollkornteig ist nahrhafter, knackiger und vor allem aromatischer! Hier kommt eine schnelle Pizzavariante: der Quark-Öl-Teig – spart Zeit durch die Zubereitung ohne Hefe und wird trotzdem wunderbar luftig und kross. Für ein Backblech 500 g Dinkelvollkornmehl mit 2 Päckchen Backpulver durchsieben und mit 2 TL Salz in einer Rührschüssel vermischen. In eine Mulde 250 g Quark, 8 EL Milch, 8 EL Rapsöl und 2 Eier geben und alles mit dem Handrührgerät gut verarbeiten. Backblech einfetten oder Backtrennpapier benutzen und Teig ausrollen.

❋ Die **Gemüsesoße** lässt sich prima als Pizzasoße verwenden. Etwas Schinken oder einfach nur Mozzarella darauf geben und backen. Sie können auch etwas Crème fraîche darauf tupfen, gehackte Petersilie darübergeben, etwas Pecorino drüberreiben und Mozzarellawürfel dazugeben. Die Pizza immer mit Ober- und Unterhitze backen, nie mit Umluft, sonst wird sie zu trocken.

KOCHEN WIE AM MITTELMEER

Nachhaltige Küchenpraxis

Die Bewohner der Insel Kreta zählen zu den gesündesten Menschen der Welt, dicht gefolgt von Italienern, Spaniern und Franzosen. Und das ist gar nicht magisch, sondern logisch! In diesen Ländern stehen Gemüse, Olivenöl, Rotwein und Knoblauch regelmäßig auf dem Speiseplan. Es sind aber nicht allein bestimmte Lebensmittel, die ihre Esser so gesund machen: Es sind die breite Auswahl an pflanzlichen Lebensmitteln, die Frische und die Genussfreude an den Küsten des Mittelmeers. Das lässt sich auch hervorragend auf unsere Regionen übertragen, auch wir können den Prinzipien der mediterranen Küche folgen, ohne nach Italien ziehen zu müssen oder im Dezember frische Tomaten einzukaufen.

Die Küche Südeuropas enthält alle Faktoren einer nachhaltigen Ernährung: Ob es Gemüse, Obst oder Fleisch ist, am Mittelmeer wird mild gewürzt und Wert auf die Qualität und den Geschmack des Ausgangsproduktes gelegt. In den Mittelmeerregionen gibt es kaum eine Mahlzeit in der nicht mindestens ein Gemüse auftaucht. Die Gemüseauswahl rund ums Mittelmeer ist natürlich paradiesisch üppig im Gegensatz zum kargeren Wachstum bei uns. Doch auch damit können Sie hervorragend italienisch oder französisch kochen. Hierfür werden einfach die in südländischen Rezepten angegebenen Gemüse durch saisonale heimische Gemüse ersetzt. Dabei müssen nur die Garzeiten etwas angepasst werden. Sie werden begeistert sein und manches Gemüse im mediterranen Stil für sich und die Kinder wiederentdecken. Schon mal Rosenkohl mit Mozzarella und Tomaten überbacken probiert? Oder in Tomatenragout geschmorten Sellerie? Wenn keine frischen Tomaten zu haben sind, greifen Sie beruhigt auf selbst eingemachte Tomaten, Tomatenpürees oder auch mal Dosentomaten (Gläser sind immer vorzuziehen!) zurück. Die enthalten sogar mehr gutes Lycopin als frische Tomaten.

Gesund und auch bei uns zu haben ist der Knoblauch, dessen Würze in keinem südländischen Gericht fehlen darf. Wenn Sie Knoblauch vorsichtig benutzen und in fremden Rezepten die Menge des Knoblauchs immer etwas reduzieren, dann mögen ihn auch die Kinder, Sie sollten ihn auf keinen Fall weglassen!

RAPSÖL – GEWINNER AUS UNSEREN BREITEN

Das Olivenöl ist der gesund machende Faktor in der mediterranen Küche. Auf andere Fette zum Braten und Kochen wird meist verzichtet. Die nachhaltige und regionale Alternative aus unseren Breiten heißt Rapsöl.

Rapsöl ist eines der gesündesten Speiseöle. Alte Pflanzen enthielten früher die bittere, gesundheitsschädliche Erucasäure und scharf schmeckende Senfölglycoside, das machte das Rapsöl als Speiseöl unattraktiv. So verwendete man es ca. 600 Jahre lang als Schmier- und Werkstoff oder als Lampenöl. Bis man es schaffte, die ungeliebten Stoffe in der Zucht zu eliminieren und ein leckeres Speiseöl herzustellen. Kein anderes Öl kann mit so guten Fettsäurewerten aufwarten wie das Rapsöl. Es hat einen hohen Anteil einfach ungesättigter Fettsäuren, ähnlich dem Olivenöl. Zudem ist das Verhältnis von Omega-3- und Omega-6-Fettsäuren so ideal, dass es sich positiv auf unser Herz-Kreislauf-System auswirkt. Wer wenig frischen Seefisch zu sich nimmt, kann mit viel Rapsöl ein wenig ausgleichen. Der Fettsäurencocktail wirkt cholesterinsenkend. Zudem ist das Öl reich an Vitamin E und A, die antikanzerogen wirken. Rapsöl gibt es in raffinierter Form, beim Pressen wird Hitze eingesetzt. Dieses Öl ist meist geschmacksneutral, enthält aber auch weniger gesunde Inhaltsstoffe. Es eignet sich zum Braten und Backen bei höheren Temperaturen. Das erstklassige kalt gepresste (native) Rapsöl hat meist einen kräftigen, nussigen Eigengeschmack und eignet sich eher für Salate und kalte Zubereitungen. Sie können den Geschmack auch durch die Mischung mit anderen kalt gepressten Pflanzenölen variieren und damit sogar noch die Wertigkeit des Fettsäurencocktails erhöhen.

WIE FÜR KINDER GEMACHT: ITALIENISCHE NUDELN

Bei Kindern besonders beliebt sind natürlich italienische Nudeln. Wenn Sie dabei zu Vollkornnudeln greifen, sind Nudeln entgegen der landläufigen Meinung auch keine ungesunden Dickmacher. Nudeln enthalten B-Vitamine und Phosphor. Und sie machen glücklich! Trotzdem wird mit den Powerkohlenhydraten in der mediterranen Küche eher zurückhaltend umgegangen, Nudeln sind Beilage, nicht Hauptkomponente einer Mahlzeit. Machen Sie es wie die Italiener, essen Sie Pasta als Beilage zu Gemüse!

NUDELN SELBST MACHEN

Frische, selbst gemachte Nudeln schmecken nicht nur fantastisch, sie bieten den Kindern auch ein kreatives Betätigungsfeld in der Küche. Ein Nudelteig ist schnell hergestellt: Dazu benötigt man am besten frisch gemahlenes, sehr feines Dinkelvollkornmehl. Für 12 hungrige Kinder nehmen Sie dafür 1.200 g. Nun werden dem Mehl nach und nach 600 ml Wasser hinzugefügt und gut verknetet. Der Teig darf nicht an den Fingern kleben und sollte so gut durchgeknetet sein, damit er samtig und glatt wird. Dann kann der Teig sofort in einer Nudelmaschine oder mit der Teigrolle glatt gerollt werden. Dazu den Teig ausrollen und immer wieder zusammenklappen und wieder ausrollen. Der Teig sollte zuletzt maximal 5 mm dick sein. Nun können die Nudeln ausgeschnitten und geformt werden. Hier ist alles erlaubt! Man kann die Nudeln mit Ausstechern in hübsche Formen stechen, wie Sterne oder Herzen. Sie können den Teig auch in kleine Quadrate oder Rauten schneiden und die Kinder können selbst Formen erfinden. Die fertigen Nudeln werden auf ein leicht bemehltes Küchentuch gelegt und sollten dort 30 min ruhen, bevor sie dann in leicht kochendem Salzwasser gegart werden. Nach 2–6 Minuten sind die Nudeln je nach Dicke fertig. Das erkennen Sie daran, dass sie oben schwimmen.

TAPAS-STYLE

Bezeichnend für die Mittelmeerküche sind kleine Leckereien, die als Appetithäppchen vor dem Essen gereicht werden: Antpasti in Italien, Tapas in Spanien oder Meze in Griechenland. Diese Leckereien bestehen meist aus Gemüse. Auch das können Sie sich zu eigen machen: Wer sicherstellen will, vielfältig zu essen, isst »Tapas-Style«: Viele verschiedene Leckereien anstatt das übliche »Beilage-Fleisch-Beilage«-Einerlei. Und sie führen sich mit einer Mahlzeit eine Vielzahl an verschiedenen Nährstoffen zu. Nachhaltiger ist es, ein Lebensmittel in den Mittelpunkt zu stellen: Bereiten Sie es einfach so verschieden wie möglich zu und servieren Sie die Varianten im Tapas-Style. Die Tapas eignen sich für Partys und Lebensmittelfeste, genauso wie für ein ganz normales Mittagessen. Hier am Beispiel der Tomate: Tomatensuppe, Tomatenessenz, Tomatensalat, Tomatenragout, eingelegte getrocknete Tomaten, gegrillte Tomaten, gefüllte Tomaten, Tomatenstrudel, Tomatenquiche, Tomatenmousse und, und, und … Weitere Ideen finden Sie in unserem internationalen Tomatenbuffet auf Seite 130.

WAS ISST DIE WELT?

Hintergrund Ernährung

Die Esskulturen anderer Länder begegnen den Kindern im multikulturellen Miteinander im Kindergarten, in der Schule oder in anderen sozialen Umfeldern. Fördern Sie Neugier und Stolz auf Kulturen, indem Sie möglichst viel gemeinsam ausprobieren und die Kinder entdecken lassen, wie vielseitig Nahrung sein kann. Neben neuen Geschmackserlebnissen und Zubereitungsarten, kann man von der Esskultur anderer Völker viel über gesunde Ernährung lernen und die Techniken und Ideen auf unsere Küche übertragen. So bereichern wir unseren Speiseplan.

WAS ESSEN MENSCHEN WOANDERS, ZUM BEISPIEL ...

... IN AFRIKA?

In vielen Ländern Afrikas sind Breis aus Kochbananen, Hirse oder aus Wurzelgemüse das tägliche Brot. Auf dem afrikanischen Kontinent mag man das Essen gerne scharf, in manchen Regionen sogar extrem scharf.

Im Norden: Couscous aus Hartweizengries, Kichererbsen, Fladenbrot

Im Süden: Maniok, Kochbanane, Yams, Hirse

... IN ASIEN?

Gebirge / Nomadenvölker: Fleisch, Milch, Buttertee
In den kargen Hochsteppen und Gebirgen ernähren sich die Menschen von ihren Tieren. Neben Fleisch wird aber auch allerhand aus Milch hergestellt: Kefir, Quark, Rahm oder auch Milchschnaps.

Im Norden: Weizen, Mais, Chapati (Vollkornbrot aus Gerste, Hirse, Weizen)

Im Süden: Reis

China: China hat nicht nur eine der weltweit ältesten Küchentraditionen, ein Aushängeschild der chinesischen Kultur ist auch die chinesische Medizin. In China ist man überzeugt: Nahrungsmittel sollen nicht nur nähren, sondern auch heilen, vorbeugen und kurieren.

Japan: Japan ist der Spitzenreiter der WHO-Liste (World Health Organization), die Japaner zählen zu den gesündesten Völkern der Welt. Das führt man auf ihre überaus gesunde Ernährung zurück. Sie bevorzugen pflanzliches Eiweiß von der Sojabohne, essen viel Fisch und Meeresfrüchte sowie Algen und Meerespflanzen.

... IN NORDAMERIKA?

Im Norden: Die indigenen Völker leben auch heute noch weitestgehend von der Jagd. Ungefähr die Hälfte der verzehrten Nahrung wird aus der Natur gewonnen: Karibu, Wal, Robbe, Beeren, Schalentiere.

USA: Mais, Weizen, Sojabohnen
Die Pflanze der Sojabohne stammt ursprünglich aus China. Der amerikanische Kontinent ist heute führend in der Sojaproduktion. Insgesamt stammen mehr als 80 % der weltweiten Sojaernte aus den USA, Brasilien und Argentinien.

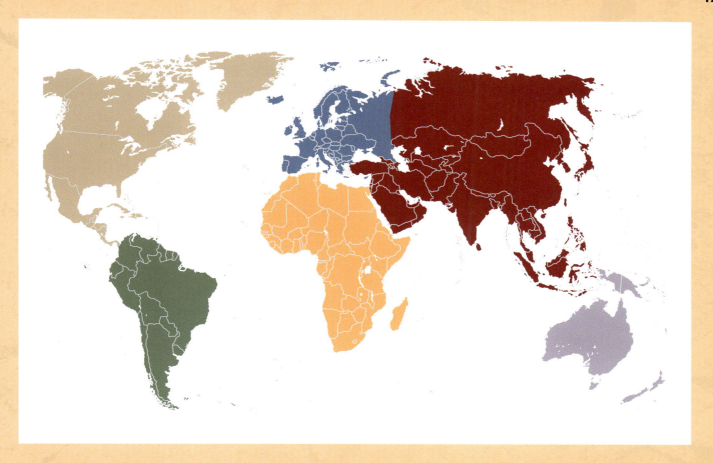

Auch beliebt in den USA: Fast Food. Vor fast 80 Jahren eröffnete die erste Filliale von McDonalds in den USA, heute kämpfen an die 50 Fast-Food-Ketten mit Tausenden Restaurants in den Staaten um den täglich wiederkehrenden Gast. Für viele Amerikaner ist Fast Food der übliche Ernährungsalltag. Fast 80 % der Amerikaner sind laut WHO übergewichtig und mit 225 Millionen Menschen leben in den USA die meisten Übergewichtigen weltweit.

... IN SÜDAMERIKA?

Quinoa, Amaranth, tropische Früchte, Bohnen
In Südamerika schätzt man pflanzliches Eiweiß aus Bohnen. Hauptnahrungsmittel der Indios in den Hochebenen Südamerikas sind Getreidearten, die bereits vor Jahrtausenden von Azteken oder Mayas kultiviert wurden. Wichtigster Nahrungslieferant ist der tropische Regenwald. Hier wachsen die buntesten, zahlreichsten und verrücktesten Früchte der Welt. Leider ist der Transport zu uns alles andere als nachhaltig!

... IN EUROPA?

Im Norden: Weizen, Kartoffeln, Kohl
Ein kühles Klima schränkt den Anbau hier etwas ein, die Nordeuropäer müssen ihre Ernährung den Vegetationsperioden anpassen. So ist es auch bei uns, trotzdem nutzen wir unseren Boden intensiv: Im Jahr 2012 betrug die Erntemenge in Deutschland von Weizen 22 Mio. t, von Kartoffeln 10,5 Mio. t
Im Süden: Maisgries (Polenta), Gemüse

GLOBALISIERUNG

Hintergrund Nachhaltigkeit

Schon gewusst? Durch die Globalisierung werden immer weniger verschiedene Pflanzensorten angebaut, die Artenvielfalt in der Landwirtschaft hat spürbar abgenommen.

WAS IST EIGENTLICH GLOBALISIERUNG?

Globalisierung bedeutet, dass wir auf der Erde ein Stückchen zusammengerückt sind. Globalisierung ist die zunehmende weltweite Verflechtung aller Bereiche. Das geschieht auf der Ebene der einzelnen Menschen, Gesellschaften, Institutionen und Staaten. Ein Grund ist der technische Fortschritt, der uns beispielsweise mit einem Flugzeug innerhalb von 40–50 Stunden einmal um die Welt bringen kann, während wir vor 100 Jahren fast überall zu Fuß hingegangen sind. Erst durch den Kolonialismus haben wir Zugang zu Gewürzen, Schokolade oder Kaffee bekommen. Diese gab es früher in einem Kolonialwarenladen und sie waren teuer. Zu der Zeit waren andere Kontinente für die Mehrheit unerreichbar. Das spiegelt sich beispielsweise in Sprüchen wie »Geh doch dahin, wo der Pfeffer wächst!«, indem ich eine ungeliebte Person dahin schicke, wo ich sie niemals werde wiedersehen müssen, da es sehr weit weg ist. Wenn wir heute überlegen, alle Dinge, die nicht in Deutschland oder unserer Region produziert werden, aus dem Haushalt zu verbannen, kommen wir in

Schwierigkeiten. Probieren Sie es. Fast alles ist von irgendwoher importiert. Viele Dinge stammen sogar aus mehreren Ländern und wurden dann zusammengebaut. Es scheint so, dass die Dinge billiger sind, je weiter der Weg ist, den sie bis zu uns zurückgelegt haben. Etwas von hier zu bekommen, ist manchmal gar nicht so einfach. Wir können in Deutschland sagen, dass unser Lieblingsobst die Banane ist oder wir gerne Orangensaft trinken, obwohl beide Früchte hier höchstens im beheizten Gewächshaus wachsen.

SPIELVERDERBER

Das klingt ja alles gar nicht schlecht! Warum gibt es dann »Globalisierungskritiker«? Weil unser weltweites Handeln Auswirkungen auf alle Menschen, Kulturen, Staaten, die lokale Wirtschaft oder die Natur hat.

Biodiversität: Wir haben vor gut 500 Jahren die Kartoffel in Europa eingeführt. Damit wurden die zuvor üblichen Pflanzenarten so weit verdrängt, dass sich heute Historiker streiten, was wir davor gegessen haben. Über 200 alte Apfelsorten werden zurzeit zugunsten von vier global gut anbaubaren neuen Sorten verdrängt. Unsere Biodiversität nimmt rapide ab und wir wissen noch nicht um alle Auswirkungen, die das auf uns haben wird (Kapitel 1).

Kulturelle Vielfalt: Dominante Kulturen setzen ihre Interessen und Produkte weltweit durch. Die anderen Kulturen, Sprachen und Kulturleistungen von Minderheiten werden verdrängt, Nahrungsmittel und Handwerkswissen verschwinden. Das liegt nicht daran, dass etwas besser ist, sondern daran, dass bestimmte Kulturen sich wirtschaftlich oder militärisch durchgesetzt haben und damit ihren Einfluss auf andere erhöhen. Kultur entwickelte sich meistens angepasst an die Landschaft, in der die Menschen leben, und sicherte ihnen dadurch auch das Überleben. Ein Verlust der kulturellen Vielfalt bedeutet eine Verflachung von Gesellschaft – wir lernen weniger Wörter, weniger Gerichte, weniger Bräuche und berauben uns damit einer intellektuellen Herausforderung. Die UNESCO sagt, »dass die schöpferische Vielfalt der Kulturen der Welt wertvoll und notwendig ist«.

Natur: Natur verliert in einer globalisierten kapitalistischen Welt ihren Wert an sich und erhält einen Geldwert. Da wir in dem derzeitigen System auf Wirtschaftswachstum angewiesen sind, werden die Naturgüter bis zum Ende ausgebeutet und oft verbraucht. So werden beispielsweise Regenwälder abgeholzt oder abgebrannt, obwohl wir seit Jahrzehnten wissen, dass sie damit unwiederbringlich verloren sind, und obwohl sie eine große Bedeutung für unsere Atmosphäre haben.

Soziales: Die Rohstoffe aus der Natur werden durch Menschen verarbeitet. Auch hier wird auf Gewinnmaximierung gesetzt. Das bedeutet, dass Arbeitern möglichst wenig bezahlt wird. Da Menschen Angst vor Armut und Arbeitslosigkeit haben, akzeptieren sie einiges. Denn in der Globalisierung gibt es die Angst, dass Arbeitgeber in andere Länder abwandern. Viele Fabriken aus Europa sind nach China gezogen und von dort nach Südostasien ausgewichen, denn die Arbeiter in China haben sich gegen schlechte Arbeitsbedingungen gewehrt. Ein Vorteil der Globalisierung ist wiederum, dass sich Arbeiter weltweit über ihre Lebens- und Arbeitsbedingungen austauschen können! Wenn unsere Güter weit weg hergestellt werden, wissen wir sehr wenig darüber, wie sie produziert werden. Aber auch hierzulande werden Mindestlöhne immer wieder umgangen, Menschen entlassen und es wird mit billigeren Aushilfskräften gearbeitet. Daher macht es immer Sinn,

zu fragen, wie die Menschen bezahlt werden, die Lebensmittel anbauen, zubereiten oder verkaufen. Kommen Sie ins Gespräch mit ihnen und fragen Sie nach – egal ob im Restaurant, an der Wursttheke oder auf einem Bauernhof. Es können sich interessante Gespräche ergeben, und Interesse unterstützt das Selbstbewusstsein, sich für seine Rechte einzusetzen. Oft hilft auch das Gespräch mit den Arbeitgebern. Wenn potenzielle Kunden sich für Arbeitsbedingungen interessieren, wird das relevant für den Betrieb.

NACHGEMACHT!
Tipps und Anregungen

— Kleidung kommt aus der Mode, das Spielzeug ist langweilig geworden, das Buch schon gelesen. Ein anderer könnte damit vielleicht noch Freude haben. Initiieren Sie dafür eine **Freebox**. Hier können Dinge hineingelegt und herausgenommen werden. Gut geeignet sind Gemeinschaftsräume wie Höfe oder Kindergärten. Die Box muss gepflegt werden!

— **Food-Sharing:** Sie fahren in den Urlaub und haben den Kühlschrank noch nicht geleert oder zu viele Tomaten auf Balkonien geerntet? Gerne würden Sie Lebensmittel weitergeben, aber an wen? Das Lebensmittelteilen muss wegen der Hygiene noch besser organisiert sein als die Freebox!

— Der **Kauf-nix-Tag** wurde 1992 durch die Adbusters Media Foundation erfunden. Probieren Sie es doch gleich mal mit einem konsumfreien Monat (außer Lebensmitteln natürlich).

SPIELWIESE

Spiele und Experimente

DAS TOMATENBUFFET

Die Globalisierung hat dazu geführt, dass sich bestimmte Früchte und Gemüsesorten überall in der Welt durchgesetzt haben. Ein Beispiel dafür ist die Tomate. Aber es gibt nicht nur sehr viele verschiedene Sorten davon, sie werden auch sehr unterschiedlich zubereitet. Diese Aktion eignet sich für eine größere Gruppe. Verteilen Sie Länder und zugehörige Tomatenrezepte an kleine Untergruppen und bereiten Sie die Gerichte im Tapas-Style zu. Sie können eine Weltkarte auf einer Papiertischdecke skizzieren und die Schalen fürs Buffet daraufstellen.

Ideen: marinierte Tomaten aus Russland, gebratene grüne Tomaten aus den USA, Tomatensalat aus Deutschland, Tomate mit Ei aus China, Tomaten-Letscho aus Ungarn, Tomatensoße aus Italien, Tomatenjoghurtspeise zum Nachtisch aus Indien, Tomatensalsa aus Südamerika …

TISCHKULTUREN AUSPROBIEREN

Nutzen Sie gemeinsame Mahlzeiten, um Esstechniken anderer Länder aufzugreifen. Kinder haben eine große Freude, ihre motorischen Fähigkeiten zu erweitern: Essen mit Stäbchen und Essen mit den Händen, Essen mit Fladenbrot zum Aufnehmen, Essen mit dem Löffel. Neben den Essgeräten kann auch die Speisetafel ein Ort des Spiels sein, warum denn immer nur am Tisch sitzen? Man kann im Liegen essen, im Schneidersitz vom Boden oder kniend an einem niedrigen Tisch. Schön ist dabei natürlich, wenn Sie die Tafeln und Sitzgelegenheiten möglichst einem kulturellen Vorbild entsprechend nachbauen. Wie wäre es mit einem Festmahl wie im alten Rom, wo die Speisen an den Liegen der Esser vorbeigetragen wurden? Oder eine orientalische Tafel auf einem Teppich, um die alle auf Kissen zusammensitzen?

DIE INTERNATIONALE KÜCHE

Sie bietet Möglichkeiten, um Eltern in Schule und Kita einzubinden. Laden Sie doch Eltern zum Kochen ein und kochen Sie zusammen deren Lieblingsgerichte. Dabei kommt man ins Gespräch über Kultur und Tradition. Das Lieblingsrezept einer Familie, egal, woher sie stammt, ist immer ein schöner Anlass, um andere Kulturen zu entdecken, voneinander zu lernen und sich zu begegnen.

MIT DEM WOK UM DIE WELT

Beim Showcooking können Kinder die Würze ihrer Mahlzeit selbst bestimmen und entdecken, wie vielfältig die Geschmackskulturen dieser Welt sind. Dabei wird eine Mahlzeit in mehreren Geschmacksvarianten zubereitet. Bereiten Sie mehrere kleine Tabletts vor, auf denen Zutaten für internationale Würzungen bereitstehen, die Kinder sollten mindestens drei Würzungen zur Auswahl haben. Hier ein paar Ideen:

Italien: Tomatenmark, Basilikum, Olivenöl, geröstete Pinienkerne, Parmesan

Indien: Curry, Fruchtmus / Tamarindensoße, Erdnussöl, Ingwer, Fenchelsamen, Cashewkerne

Türkei: glatte Petersilie, Knoblauch, Zitrone, gerösteter Sesam, Kreuzkümmel, Olivenöl

Asien: Sojasoße, 5-Gewürze-Pulver, Erdnussöl, Koriander, Knoblauch

Osteuropa: Dill, saure Sahne, Pfeffer, Sonnenblumenöl, eingelegte Rote Bete in feinen Würfelchen

Afrika: Ras el-Hanout (marokkanische Gewürzmischung), Arganöl, gewürfelte Trockenfrüchte, Zwiebel, glatte Petersilie

Südamerika (Achtung, scharf!): milder Paprika / Chili, Knoblauch, Piment, rosa Pfeffer, Zwiebel, Erdnussöl

Das Gargut kann eine Gemüsemischung sein (z. B. Möhre, Sellerie, Erbse), geschnetzeltes Fleisch oder Tofu. Der Wok kann als Station mitten in der Kita aufgebaut werden, wenn Sie eine mobile Herdplatte haben. Nun entscheiden die Kinder, welche Mischung ausprobiert wird. Dafür das Gargut in dem Öl anbraten, bis es leicht gebräunt ist. Während Sie ständig alles wenden, fügen Sie Salz und die trockenen Gewürze hinzu. Dann fügen Sie die restlichen Bestandteile hinzu und schon ist der erste Probehappen für alle fertig.

Wischen Sie den Wok kurz mit Küchenpapier aus und dann kann gleich das nächste internationale Geschmackserlebnis ausprobiert werden.

BOHNENSPIEL

Tic-Tac-Toe wird überall auf der Welt gespielt. Auf einem 3×3 Felder großen Spielfeld machen die beiden Spieler abwechselnd ihre Zeichen. Der Spieler, der als Erstes drei seiner Zeichen in eine Reihe, Spalte oder eine der beiden Hauptdiagonalen setzen kann, gewinnt. Wenn allerdings beide Spieler optimal spielen, kommt es zu einem Unentschieden. Das heißt, alle neun Felder sind gefüllt, ohne dass ein Spieler die erforderlichen Zeichen in einer Reihe, Spalte oder Diagonalen hat.

TOMATE
Lebensmittel des Tages

❋ ──────────────────── ❋

Die Tomate stammt aus Peru und Ecuador und kam mit den Seefahrern Anfang des 15. Jahrhunderts nach Europa. Bei uns ist die Tomate erst seit den 1920er-Jahren auf dem Speiseplan, da vorher der Anbau nicht gelang.

Anbau

Gattung: Nachtschattengewächs.

Aussaat: Februar bis April.

Brauchen viel Licht und Wärme. Werden in Gewächshäusern angebaut.

Tomaten wachsen an Stauden.

Samen auf der Fensterbank vorziehen. Sind diese 10–15 cm hoch, kommen sie in den Garten im April bis Juni.

Früchte entstehen aus gelblichen Blüten, sind also eigentlich Beerenfrüchte.

Erntezeit: sehr lang, regelmäßig ab Juni.

Größte Stärke

Viele sekundäre Pflanzenstoffe: Der rote Farbstoff Lycopin und Betacarotin haben gesundheitliche Effekte als Radikalfänger und Antioxidanz in der menschlichen Zelle, sie wirken vorbeugend gegen Krebs und Herz-Kreislauf-Erkrankungen. Der Lycopingehalt steigt mit dem Verarbeitungsgrad! Deshalb sind eingekochte Tomaten ebenso gesund wie frische.

VIELSEITIG UND NAHRHAFT – MILCH

Nach einer kleinen Zwischenmahlzeit entdecken wir, was ein echtes Lebensmittel ist. Kommen Sie mit uns in den Stall, und lassen Sie die Kinder erleben, wie ihre liebsten Leckereien hergestellt werden.

QUARKSPEISE

Rezept und Resteverwertung

Geeignet für: Zwischenmahlzeit, Pausensnack, Frühstück, Dessert
Schwierigkeitsgrad: leicht

Frühling	Sommer	Herbst	Winter
300 g Rhabarber	250 g Erdbeeren	200 g kernlose weiße Trauben	6 reife Birnen
1 kg Magerquark	100 g Heidelbeeren	100 g frische Pflaumen	8 EL Rosinen
0,5 kg Quark 40 %	100 g Himbeeren	1 EL Sanddornsaft	6 EL ganze Mandeln
2 Vanilleschoten	1 kg Magerquark	1 kg Magerquark	0,01 l Sanddornsaft
3 EL Kirschsaft	0,5 kg Quark 40 %	0,5 kg Quark 40 %	1 kg Magerquark
50 g Vollrohrzucker	2 Vanilleschoten	2 Vanilleschoten	0,5 kg Quark 40 %
1 TL Honig	3 EL Apfeldicksaft	3 EL Apfeldicksaft	2 Vanilleschoten
			3 EL Birnendicksaft

Und so geht's:

1. Rhabarber, Himbeeren, Trauben oder Birnen waschen, entkernen und mit Schale in mundgerechte Stücke teilen.

2. Obststücke jeweils mit Flüssigkeit und Süßungsmittel pürieren. Rhabarber muss anders behandelt werden: Säubern, klein schneiden, mit dem Zucker vermengen und 30–60 min ziehen lassen. Dann in einen Kochtopf geben und zusammen mit etwas Kirschsaft aufkochen lassen und so lange köcheln lassen, bis der Rhabarber weich ist. Kompott auskühlen lassen.

3. Quark zusammen in eine Rührschüssel geben. Vanilleschoten auskratzen und hinzufügen. Gut verrühren. Ist der Quark sehr fest, kann man ihn mit etwas Milch verflüssigen.

4. Restliche Früchte waschen, entkernen und in mundgerechte Stücke schneiden. Rosinen zuvor in etwas Wasser mit Sanddornsaft einlegen. Kurz vor dem Servieren abtropfen lassen.

5. Nun den Quark zusammen mit der Fruchtmasse in einer Schüssel gut durchmischen und nach Geschmack mit Honig nachsüßen. Fruchtstücke darauf dekorieren und servieren.

6. Der Quark kann auch in einzelnen Gläsern schön angerichtet werden. Lassen Sie die Kinder ein tolles Gourmetdessert gestalten. Hierfür können Früchte, Fruchtpüree und Quark dekorativ in die Gläser geschichtet werden.

7. Fruchtquark ist auch eine ideale Beilage zu einer süßen Hauptspeise wie Pfannkuchen oder Waffeln.

ALLES MUSS WEG!

✳ Eis. Wer eine Eismaschine hat, kann mit dem Quarkspeiserest auch Eis herstellen. Hierzu sollte die Masse nochmals gut püriert werden. Dann etwas geschlagene, gesüßte Sahne zur Quarkfruchtmasse geben (Menge: etwa die Hälfte der Quarkmenge) und vorsichtig unterheben. 30 min vorfrieren und dann in der Eismaschine weiterverarbeiten, bis cremiges Eis entstanden ist.

✳ Dessertsoße. Sollten pürierte Früchte übrig sein, kann man die sehr gut als fruchtige Soße zum Pudding, einem Dessert oder zum Eis essen.

✳ Schichtspeise. Haben Sie Quarkspeise übrig und vielleicht auch noch ein paar Kekse oder Kuchen? Daraus lässt sich eine Schichtspeise im Glas zaubern. Die Kekse oder Kuchen dafür verbröseln. In den Gläsern nun je eine Schicht Kekskrümel auf eine Schicht Creme setzen. Wenn etwas wenig Creme da ist, kann man die letzte Schicht mit Schlagsahne bestreiten und diese noch mit gehackten Nüssen bestreuen.

✳ Müsliergänzung. Strecken Sie Quarkspeise mit Joghurt oder Milch und reichen Sie sie als Flüssigbestandteil zum morgendlichen Müsli.

KOCHEN MIT MILCH

Nachhaltige Küchenpraxis

Milch wird in der klassischen Küche meist für Süßspeisen und Backwaren benutzt. Was aus Milch alles hergestellt werden kann, ist beeindruckend: Butter, Käse, Quark, Schmant, Sahne oder Sauermilchprodukte. Im Speiseplan der Kinder spielen all diese Produkte eine große Rolle. Milchmahlzeiten liefern viele wichtige Nährstoffe für den kindlichen Organismus: Eiweiß, Calcium und viele Vitamine. Viele Milchprodukte kann man fertig kaufen, man kann sie natürlich auch selbst herstellen und damit nicht nur viel Geld sparen, sondern vor allem unsere Ressourcen schonen. Die Herstellung ist meist ziemlich leicht. Die Kinder können dabei viel über die Eigenschaften der Milch lernen.

JOGHURT HERSTELLEN

Joghurt ist ein viel verwendetes Lebensmittel. Gerade deshalb lohnt sich die Eigenproduktion. Sie sparen CO_2-Emissionen für Produktion, Lagerung und Transport, einen großen Berg Verpackungsmüll und Energiekosten. Ein weiterer Vorteil ist, dass Sie selbst bestimmen können, welche Milch Sie verwenden. Joghurt aus laktosefreier Milch sowie Schafs- oder Ziegenjoghurt sind oft schwer zu bekommen und sehr teuer.

Für ca. 8 Portionen Joghurt brauchen Sie einen Liter Frischmilch (Vollfett), 150 g Vollmilchjoghurt und ein Kochthermometer. Zunächst wird die Milch auf 90 °C erhitzt und 5 min auf dieser Temperatur gehalten. Danach lassen Sie die Milch wieder auf 50 °C abkühlen. Nun wird der Joghurt mit dem Schneebesen gut eingerührt. Die Milch wird dann schnell in kleine, saubere Schraubgläser gefüllt und gleich in den 50 °C vorgeheizten Backofen gestellt (Backblech, mittlere Schiene). 30 Minuten lang bleiben die Gläser bei 50 Grad im Ofen, die Gläser dürfen nicht mehr bewegt werden. Dann schalten Sie den Ofen aus und lassen die Gläser für die weitere Reifung über Nacht darin stehen. Am Morgen wandert der Joghurt in den Kühlschrank und kann verzehrt werden. Heben Sie gleich 150 g für den nächsten Ansatz auf.

FAST VERGESSEN: DICKMILCH

Erinnern Sie sich noch an selbst gemachte Dickmilch, die es zum Nachtisch mit Zucker und Kompott gab? Als man Milch noch direkt vom Bauern holte und diese meist unbehandelt war, entstand Dickmilch manchmal zufällig, weil die Kühlmöglichkeiten nicht immer optimal waren. Dickmilch bildet sich nämlich einfach durch das Stehenlassen von unbehandelter Milch. Benutzen Sie für Dickmilch mindestens nicht homogenisierte und nur kurz pasteurisierte Milch. Verrühren Sie die Milch mit 1 EL Dickmilch oder Dickmilchkulturen, die Sie im Internet oder im Biohandel für ein paar Euro bekommen können. Dann stellen Sie die Milch einfach in einer Schüssel an einen konstant warmen Ort (21–23 °C). Nach 2–3 Tagen ist die Milch fest und sollte verbraucht werden. Dickmilch eignet sich perfekt als Dessert mit frischen Früchten oder zum Frühstück mit Getreide.

SEELENTRÖSTER UND KINDERKLASSIKER: GRIESSBREI

Milch ist auch Grundlage für Breie. **Brei** kann mit Weizen- oder Dinkelvollkorngrieß hergestellt werden, aber eine echte Entdeckung dafür ist Kamut, eine alte Weizenart. Er ergibt eine schönere Farbe und schmeckt herrlich aromatisch. Für 8 Portionen werden 1,5 l Milch erhitzt. In die Milch geben Sie zuvor 4 EL Honig und 2 Prisen Salz. Wenn die Milch kocht, werden 200 g Vollkorngrieß eingerührt. Beständig gut rühren. Wenn alles gut kocht und blubbert, setzt man den Deckel drauf und stellt den Topf ins Bett, in eine Koch- kiste oder wickelt ihn in viele Decken ein. Hier zieht der Brei ½–1 Stunde durch. Diese Kochmethode ist energiesparend, und das Tolle ist: Der Brei brennt nicht mehr an!

MILCH – EIN ECHTES LEBENSMITTEL

Hintergrund Ernährung

Milch ist die erste Nahrung, die wir zu uns nehmen. Wenn ein Lebewesen von einem Nahrungsmittel alleine satt und groß wird, dann muss das ein echter Wundersaft sein.

WAS IST DRIN IN DER MILCH?

Milch ist ein lebendiges Rohprodukt, das in seiner Zusammensetzung stark von der Kuh, ihrer Befindlichkeit, ihrer Rasse und ihrem Futter abhängt. Da die Industrie dem Verbraucher aber ein Produkt anbieten möchte, das immer die gleiche Konsistenz, den gleichen Geschmack und eine lange Haltbarkeit aufweist, hat die Industrie Verarbeitungsmethoden entwickelt, die organische Milch zum genormten Industrieprodukt machen. So schwanken Fett und Eiweißgehalt in der Rohmilch beispielsweise erheblich. Fett zwischen 3 und 6 %, Eiweiß zwischen 3 und 4 %. In industriellen Verfahren werden diese Werte normiert. Milch ist eine Öl-in-Wasser-Emulsion. Öl und Wasser verbinden sich ja nicht so gerne, das kennen Sie vielleicht, wenn Sie eine Salatsoße anrühren. Dabei wird das Öl vorsichtig und langsam unter dauerhaftem Rühren in das Wasser gegeben. Alles verbindet sich zu einer Emulsion. Lässt man die Salatsoße aber ein paar Stunden stehen, setzt sich das Wasser vom Fett ab. Das passiert auch mit unbehandelter Milch. Sie entwickelt Fettklumpen oder kleine Bröckchen aus Fett. Das ist nicht weiter schlimm. Es sieht einfach nicht immer gleich aus. Deshalb hat man aber das Homogenisieren eingeführt, einen Vorgang, bei dem die Fettteile in der Milch mechanisch unter Druck zu mikroskopisch kleinen Fettkügelchen zerkleinert werden. Jüngste Forschungen bewerten das Homogenisieren für die Gesundheit als kritisch. Aus nachhaltiger Sicht ist es ein vollkommen unnötiger Vorgang, denn er verbraucht nur für ästhetische Zwecke Energie.

WEISSES GOLD

Mineralien sind in der Milch zahlreich vertreten: Natrium, Kalium, Magnesium, Phosphor und nicht zu vergessen Calcium, das die Knochen stärkt. Schaut man sich die Vitaminbilanz an, wird deutlich, wie nährstoffreich das weiße Gold ist: Milch enthält alle Vitamine bis auf Vitamin K. Dass die Milch so vielseitig verarbeitet werden kann, liegt meist an den magischen bioaktiven Substanzen, die darin wirken. Das sind Mikroorganismen wie Bakterien, Hefen und Schimmelpilze, die viel Gutes bewirken. Aus Angst vor den »schlechten« Keimen, die man aber auch mitgeliefert bekommen könnte, begann man die Milch vor dem Verzehr abzukochen. Die Angst der Industrie vor dem Risiko, mit lebendigen Waren zu handeln, und den damit eventuell einhergehenden monetären Verlusten war aber noch größer, und daher wurden zahlreiche Verfahren gefunden, mit denen man dieses lebendige Rohprodukt im Zaum halten kann, um es in Massen zu verkaufen. Leider kann dabei kein Unterschied zwischen guten und bösen Bakterien gemacht werden, und deshalb werden bei den Verfahren mit hoher Temperatur meist alle Enzyme und Bakterien abgetötet und auch die Vitamine leiden.

MILCHKUNDE

Rohmilch	Unverändertes Gemelk von Nutztieren. Darf nur ab Hof verkauft werden, kann als Vorzugsmilch in den Direkthandel.
Frischmilch	Pasteurisiert bei 75 °C, homogenisiert. Vereinzelte Anbieter haben auch nicht homogenisierte Frischmilch im Angebot.
ESL-Milch (länger haltbare Frischmilch)	Meist pasteurisiert und durch feine Poren filtriert. In manchen Verfahren auch ultrahocherhitzt auf 130 °C, dann homogenisiert.
H-Milch	Ultrahocherhitzt über 135 °C, homogenisiert.

Wir empfehlen für Kinder die Vollfett-Frischmilch. Vielleicht haben Sie ja auch schon festgestellt, dass diese ganz heimlich aus den Regalen der Läden verschwindet und immer schwerer zu bekommen ist. Nutzen Sie Ihre Verbrauchermacht! Sprechen Sie Ihren lokalen Händler an (auch im Supermarkt!), und setzen Sie sich dafür ein, dass Sie eine ökologisch hergestellte frische Milch kaufen können. Wenn Sie einen Bauern in der Nähe haben, unterstützen Sie den Direktverkauf und holen Sie regelmäßig mit den Kindern die Milch beim Bauern. Dann können Sie auch in den Genuss von Vorzugsmilch kommen, dem Ferrari der Milch: Vorzugsmilch darf nicht erhitzt werden, nur gefiltert. Sie wird leider nur unter strengen Auflagen verkauft: Helfen Sie dem Bauern dabei, dass sich das wenigstens lohnt und vielleicht bald wieder mehr Betriebe diese Milch vor Ort verkaufen.

MILCH UND TIERHALTUNG

Hintergrund Nachhaltigkeit

Schon gewusst? Zwischen 1990 und 2011 stieg die pro Kuh erzeugte Milchmenge um rund 55 Prozent an. Milch ist ein Grundnahrungsmittel in vielen Ländern der Welt. Und sie ist ein Politikum. Gerade an dem Beispiel Milch kann gut gezeigt werden, dass Landwirtschaft nicht der möglichst gesunden Ernährung der Bevölkerung oder dem Tierschutz dient, sondern dass sie zum Spielball von Interessen werden kann.

EINE MILCHGESCHICHTE

Seit Jahrtausenden weiden Rinder in der Welt. Die Bisonherden in Amerika, Wisente in Europa, Kaffernbüffel in der Serengeti oder Wasserbüffel in Ostasien – alle gehören zu den Rindern und sind wichtig für ihre Ökosysteme gewesen, denn sie gehören zum Grasland, das ohne sie, ihre Pflege und Düngung nicht existieren kann. Das Hausrind wurde aus dem eurasischen Auerochsen vor ca. 11.000 Jahren domestiziert. Es wurde zunächst wegen seines Fleisches, später auch wegen seiner Milch gehalten. Heute wird ein zuchtreifes weibliches Hausrind mit circa 18 Monaten besamt und hat somit ein Erstkalbealter von etwa 27 Monaten. Erst nach dem ersten Kalben wird das Rind als Kuh bezeichnet. Ein Rind kann 20 Jahre alt werden. Eine moderne Milchkuh hat eine Milchleistung bis zu 43 kg am Tag. Kennen Sie alte Rinderrassen? Besuchen Sie Arche-Höfe oder Tierparks und beobachten Sie die Rinder. Vielleicht haben Sie Gelegenheit, Hausrinder auf der Wiese oder im Stall zu sehen – fallen Ihnen Unterschiede und Gemeinsamkeiten auf?

UNSERE MILCH

Im Jahr 2011 verbrauchte jeder Bundesbürger im Durchschnitt 91,25 kg Frischmilchprodukte, wie Milch, Milchmischgetränke und Joghurt. Daneben konsumierte jeder von uns 5,9 kg Butter, 5,6 kg Sahneerzeugnisse und 23,1 kg Käse. Insgesamt kommen wir damit auf ca. 550 kg Milchkonsum pro Kopf und Jahr oder 1,5 kg / Tag. Hätten Sie das gedacht? Um eine effektivere Produktion zu gewährleisten, will die Industrie möglichst wenige Hochleistungskühe an möglichst wenigen Standorten zusammenfassen. Das Ziel ist es, in der Massentierhaltung, mit allen Mitteln mehr Milch und mehr Fleisch zu produzieren, das zu billigen Preisen angeboten werden kann. Das sieht dann so aus: Kühe bekommen statt Gras Körner und Eiweißpflanzen zu fressen, um mehr Milch geben und Fleisch produzieren zu können. Während sieben Monaten ihrer neuen neunmonatigen Schwangerschaft wird die Kuh weiter gemolken. Eine Milchkuh wird in ihrem Leben drei- oder viermal gebären, also nur vier bis fünf Jahre alt. Besuchen Sie Kuhställe! Es gibt große Unterschiede in der Milchkuhhaltung! In manchen modernen Ställen können Kühe hin und her laufen, sich waschen oder melken lassen, ganz wie sie es mögen. Es gibt aber auch Anbindehaltung, in der sich Kühe fast gar nicht bewegen können.

EIN EUROPÄISCH-WESTDEUTSCHER MILCHKRIMI

Während in der DDR bis zur Wende Mangel an Milch und Butter zu herrschen schien, machte die westdeutsche, später europäische Agrarsubvention ein Phänomen möglich, das als »Butterberg« oder »Milchsee« Geschichte schrieb. Die

Landwirte bekamen zum Marktpreis einen Zuschuss auf ihre Milch, da die Bevölkerung Mangel litt. Diese Subvention und die Industrialisierung der Landwirtschaft führten zu hohen Überschüssen. Ab 1984 einigte sich die Europäische Gemeinschaft auf Milchquoten, die Landwirte nicht überbieten durften. Außerdem wurden zwischen 1999 und 2009 Subventionen auf Milchprodukte für den Export in Länder außerhalb der EU gezahlt. Das zerstörte die Milchmärkte in einigen afrikanischen Ländern. Ab 2007 war der Milchsee ausgetrocknet. Der Bauer bekam ca. 40 Cent / Kilogramm Milch und konnte somit kostendeckend arbeiten. Ende gut, alles gut? Von wegen! Die Milchquoten wurden angehoben. Der Milchpreis fiel bei ständig höheren Futtermittelpreisen auf durchschnittlich 24 Cent / Kilogramm in 2009. Sogar große Agrargenossenschaften arbeiteten mit Verlust. Viele Milchbetriebe mussten ihre Produktion aufgeben. Ihre Milchquoten wurden von großen Betrieben übernommen, die nun wieder Subventionen erhielten, um überhaupt weiterarbeiten zu können. Die Agrarministerien der Länder riefen die Bevölkerung dazu auf, mehr Milch zu trinken. Milchbauern, aber auch andere Landwirte, sind ein Spielball von Politik und Weltwirtschaft. Trotz schwerer körperlicher Arbeit und langer Arbeitszeiten fahren sie Verluste ein, da die Tierhaltung mehr kostet, als sie für ihre Produkte bekommen. Wenn das so ist, erhalten sie Kredite oder Almosen von der EU. Wenn Sie Bauern kennen, reden Sie mit ihnen darüber, wie sich das anfühlt. Welche Lösungen fallen Ihnen ein?

MILCH UND KLIMAWANDEL

Rinder fressen Gras und rülpsen deshalb ein Gas: Methan. Methan ist 25-mal klimaschädlicher als Kohlendioxid. Ein industrieller Lösungsvorschlag: Die Rinderhaltung mit Kraftfutter intensivieren. Rinder ernten nicht mehr mühsam auf der Weide ihr Futter selbst, sondern werden im Stall intensiv gefüttert, damit die Futtereffizienz erhöht wird. Die Kehrseite: Das setzt hochwertige Futtermittel voraus. Für deren Anbau werden Wälder gerodet und Grünland umgepflügt, was beides Kohlendioxid freisetzt. Der Humusgehalt von Grünland ist allerdings zwei- bis dreimal so hoch wie im Ackerland und damit ist es ein Speicher für Kohlenstoff und bindet Kohlendioxid. Das geht bei der Umwandlung in Ackerland verloren. Damit die Futterpflanzen wachsen können, werden sie außerdem intensiv gedüngt, womit Lachgasemissionen verbunden sind. Lachgas ist 295-mal schädlicher als Kohlendioxid und verbleibt für über 100 Jahre in der Atmosphäre. Um der wichtigen Bedeutung der Kuh für die Erhaltung des Ökosystems und einer nachhaltigen Ausrichtung der Landwirtschaft gerecht zu werden, bedarf es einer artgerechten Haltung der Tiere auf Grünland. Das ist auch bei Biolandwirtschaft nicht immer gegeben, aber wahrscheinlicher, da die Tiere mit Gras gefüttert werden und Auslauf haben müssen. Für Biomilch erhält ein Landwirt ca. 10 Cent pro Kilogramm mehr als ein Landwirt mit konventioneller Landwirtschaft. Informieren Sie sich über Biomilchprodukte. Probieren Sie diese aus. Schmecken Sie mit verbundenen Augen Unterschiede?

NACHGEMACHT!
Tipps und Anregungen

 —

— Lesen Sie eine H-Milchpackung und finden Sie gemeinsam heraus, woher die Milch kommt und wo die Molkerei ist. Fragen Sie die Kinder, was ihnen an der Verpackung auffällt und welche Fragen ihnen dabei kommen.

— Steigen Sie auf Milchprodukte aus artgerechter Haltung oder dem ökologischen Landbau um. Reduzieren Sie Ihren Milchkonsum.

— Besuchen Sie Bauernhöfe, sprechen Sie mit den Bauern über ihre Lebens- und Arbeitsbedingungen und die der Tiere.

SPIELWIESE

Spiele und Experimente

MILCH VERKOSTEN

Natürlich sollten die Kinder möglichst alle Milchtypen und auch Milchprodukte in einer Verkostung ausprobieren und vergleichen können. Stellen Sie Frischmilch, H-Milch, Ziegen- oder Schafmilch, Buttermilch, Kefir, Sauermilch oder Molke bereit. Bei der Verkostung können Sie die unterschiedlichen Herstellungsprozesse zum Thema machen.

MILCHSÄUREBAKTERIEN BEOBACHTEN

Schon beim Herstellen von Joghurt oder Dickmilch können die Kinder erfahren, wie Milchsäurebakterien arbeiten und wie wir das für die Lebensmittelproduktion nutzen. Im folgenden Experiment untersuchen die Kinder die Beschaffenheit verschiedener Milchtypen. Dabei können sie auch herausfinden, was der Unterschied zu einer verdorbenen Milch ist. Die Kinder bereiten Schraubgläser mit Etiketten vor, in die sie jeweils etwas H-Milch, Frischmilch und länger haltbare Frischmilch gießen. Diese Gläser werden nun auf dem Fensterbrett 2–3 Tage beobachtet. Durch kurzes Aufschrauben kann man immer wieder den Geruchstest machen und dabei bereits erhebliche Veränderungen und Unterschiede feststellen. Die Kinder können den Inhalt durch Riechen, Schütteln, Rühren oder Abgießen und Herausholen genau untersuchen. Bei der Frischmilch werden sie einen natürlichen meist auch frischer riechenden Prozess beobachten, den lebendigsten Prozess. Die H-Milch wird meist nicht dick und fängt an zu stinken und ist ungenießbar mangels lebendiger Bakterienkulturen! An diesem Versuch wird sehr gut deutlich, was ein Lebensmittel ist.

BUTTER SCHÜTTELN

Ein Klassiker der Experimente im Bereich Ernährungsbildung und eine körperliche Auflockerung zwischendurch. Dazu braucht man zwei Becher Sahne, die man allerdings schon am Vortag aus dem Kühlschrank geholt hat. Die Milchsäurebakterien sollen ihre Arbeit aufnehmen, das erleichtert das Buttern. Nun wird die Sahne in ein längliches, großes Schraubglas geschüttet. Deckel verschrauben und ohne Unterlass gut schütteln. Die Sahne sollte rhythmisch und kräftig im langen Glas hin- und hergeschleudert werden. Am besten bilden Sie einen Kreis und jeder schüttelt, solange er kann. Nach ca. 10–15 min sollte die Butter fest werden. Dabei entsteht eine Flüssigkeit: Buttermilch. Diese muss abgegossen werden und kann natürlich gleich von den Kinder verkostet werden. Nun wiederholt Wasser in das Glas geben und schütteln und wieder ausgießen (gerne trinken!), bis es klar ist. So wird die Butter streichfähiger. Nun kann der Butterklumpen aus dem Glas geholt und mit Brot probiert werden. Diese Butter hält sich im Kühlschrank ca. 3 Tage.

MILCH INTERNATIONAL

Überlegen Sie gemeinsam, welche Milchprodukte Sie kennen. Andere Kulturen, vor allem in Russland oder der Türkei, kennen andere und zum Teil viel mehr Milchprodukte. Wie wird Milch haltbar gemacht? Welche Milchprodukte dürfen bei einer Milchfeier (siehe S. 147) nicht fehlen: Milchbrot, Joghurt, Pudding, Kuchen, Käse, …?

Ein Beispiel aus der Ukraine – ряженка oder **Rjaschenka:** In einer flachen Tonschale wird ein Gemisch aus

¾ Milch und ¼ Sahne bis auf gut 90 °C erhitzt. Dann kommt die Schale in den Backofen, wenn Brot aus dem Ofen genommen wurde. In der Resthitze, die langsam immer niedriger wird, reift die Rjaschenka. Am nächsten Tag wird etwas Joghurt zugesetzt. Dann wird alles auf gut 40 °C erwärmt und einige Zeit bei der Temperatur gehalten. So entsteht aus dem Milch-Sahne-Gemisch eine joghurtähnliche Speise, die nach Karamell schmeckt. Auch wird das Gemisch zu diversen Desserts mit Obst verarbeitet.

Ein Bespiel aus der Türkei: Muhallebi aus 200 g Butter, 1 Tasse Mehl, ½ Tasse Zucker, 1 Liter Milch und Zimt zum Bestäuben. Die Butter in einen Topf zerlassen und das Mehl unterrühren. Milch unter ständigem Rühren dazugeben. Den Zucker unterrühren. Noch einmal kurz aufkochen lassen und anschließend den Topf vom Herd nehmen – noch ein paar Minuten weiterrühren. Die Puddingmassse in eine Auflaufform oder auf ein Backblech füllen und abkühlen lassen. Die abgekühlte Masse in den Kühlschrank stellen. Vor dem Servieren mit Zimt bestäuben. Am besten schmeckt der Pudding, wenn er einen Tag vor dem Servieren gemacht wurde.

NACHDENKEN ÜBER MILCH!

Regen Sie bei Verkostungen immer auch das Nachdenken über Fragen zum Lebensmittel an. Gibt es verschiedene Milch? Was ist für mich gute Milch? Welche Tiere geben Milch? Sprechen Sie mit Kindern darüber, wo die Milch herkommt. Vielleicht können Sie einen Stall besuchen und das Melken beobachten. Vielleicht gibt es auch eine Molkerei in erreichbarer Nähe, die besichtigt werden kann.

ERDBEERE

Lebensmittel des Tages

❋ ────────────────── ❋

Erdbeeren spielen seit der Steinzeit eine Rolle in der menschlichen Ernährung. Weltweit gibt es rund 1.000 Arten.

Anbau

Erdbeeren lieben die Sonne und meiden Regionen mit starkem Wind und Spätfrostgefahr.

Günstig sind lehmige Sandböden, keine Staunässe.

Die Erdbeerpflanze ist eine Staude, die unterirdisch überdauert und weiterwächst, um oberirdisch jedes Jahr von Neuem auszutreiben.

Ernte: Im Freiland von Mai bis August.

Vertreter der Familie der Rosengewächse (Rosaceae).

Botanisch keine Beere, sondern eine Sammelnussfrucht.

Größte Stärke

Erdbeeren enthalten mehr Vitamin C als Orangen und Zitronen! Sekundäre Pflanzenstoffe wie Flavonoide und Phenolsäuren verstärken die antioxidative Wirkung der sogenannten Anti-Krebs-Beeren.

MILCH MACHT SCHÖN!

Wir können in Milch baden oder uns mit Milch eincremen – all das hat eine genauso lange Tradition wie das Essen von Käse! Bei trockener Haut – zum Beispiel im Herbst und Winter – hilft eine Milchcreme. Milchzucker bindet Feuchtigkeit und Magnesium kurbelt den Zellstoffwechsel an! Mischen Sie ½ Tasse Milch mit einem Eigelb. Fügen Sie 1 TL Honig und 1 TL Weizenkeimöl hinzu und fertig ist die Hautpflege. Sie können noch ein paar Tropfen eines Duftöls Ihrer Wahl hinzufügen. Produzieren Sie die Creme mit einer Kindergruppe und verbrauchen Sie sie bald!

Molke ist ein Abfallprodukt bei der Käseherstellung, enthält wertvolle Proteine der Milch und ist gesund. Sie hat außerdem reinigende Wirkung, weshalb sie als Zusatz zum Badewasser oder Ersatz für Geschirrspülmittel verwendet wird. Zur Gesichtspflege können Sie sie mit einem Wattebausch auf die Haut auftragen.

MILCHFEIER

Sie können zusammen mit den Kindern eine Feier zu Ehren der Milch vorbereiten. Laden Sie Nachbarn, Eltern oder Verwandte und Freunde dazu ein. Ideen für die Milchfeier: künstliche Kuh zum Melken mit Gummihandschuh bauen, Milchcreme herstellen und anwenden, Fotowettbewerb »Wer fotografiert die schönste Kuh?« mit Prämierung, Ausstellung »Wie produziert die Kuh Milch?«, Fotodokumentation vom Besuch einer Molkerei oder eines Milchbauernhofes mit den Kindern.

Kulinarisches: Milchbar (Rezepte gefragt? Nehmen Sie die Zutaten für die Quarkspeise, ersetzen den Quark durch Sauermilch, Kefir oder Molke und mixen Sie alles mit dem Mixer zu Shakes). Buffet: Dips aus Milchprodukten + Gemüse, gebackener Camembert mit Obstsalat, kalter Porridge (Vollkorn-Haferbrei, Hafer dient hier als Ersatz für Reis, der nicht nachhaltig ist) im Glas mit Früchten.

KLEIN ABER OHO! – EIER

Wir lassen uns zum Abendbrot ein Ei schmecken und zeigen, wie variabel Eier sind. Damit die Kinder auch Freude daran haben, wollen wir genauer wissen, was eigentlich ein glückliches Huhn ist.

OMELETTE MIT GEMÜSE

Rezept und Resteverwertung

Geeignet für: warmes Abendessen, Mittagessen
Schwierigkeitsgrad: mittel

Frühling	Sommer	Herbst	Winter
1,5 kg Spinat	1,5 kg Mangold	1,5 kg Pilzen	1, 5 kg/1 Kopf Wirsing
2 Zwiebeln	5 Tomaten	1 Stange Lauch	5 EL Trockenpilze
2 Knoblauchzehen	2 Zwiebeln	2 Zwiebeln	2 Zwiebeln
	2 Knoblauchzehen	2 Knoblauchzehen	1 TL Kümmel
1 Becher Schmant	1 Becher Schmant	1 Becher Schmant	1 Becher Schmant
1 Bund Basilikum	1 Bund glatte Petersilie	1 Bund Petersilie	1 Bund Majoran / 2 EL getrockneter Majoran
15 Eier	15 Eier	15 Eier	15 Eier
Schuss Mineralwasser	Schuss Mineralwasser	Schuss Mineralwasser	Schuss Mineralwasser
Salz, Pfeffer, Muskatnuss	Salz, Pfeffer, Muskatnuss	Salz, Pfeffer, Muskatnuss	Salz, Pfeffer, Muskatnuss
2 EL Rapsöl	2 EL Rapsöl	2 EL Rapsöl	2 EL Rapsöl

Und so geht's:

1. Backofen auf 200 °C Oberhitze einstellen und vorheizen.

2. Für das Omelette die Eier zusammen mit dem Mineralwasser in einer Schüssel luftig mit dem Schneebesen aufschlagen. Salzen, mit Pfeffer und Muskat würzen und wieder gut durchschlagen.

3. Unser Omelette-Trick für viele hungrige Mäuler: Große, tiefe Pfanne erhitzen, Butter darin zerlaufen lassen, Öl hinzugeben und die Eiermasse komplett eingießen. Kurz anbraten lassen, bei mittlerer Hitze, bis ca. ein Drittel der Masse von unten gestockt ist. Dann die Pfanne (Griff feuerfest?) in den Backofen auf die höchste Einschubhöhe stellen und die Eiermasse unter 180 °C Oberhitze fertig stocken lassen.

4. Die Gemüsebeilage: Gemüse waschen und putzen. Spinat, Mangold oder Kohl in feine Streifen schneiden. Pilze nur grob zerkleinern. Kräuter waschen, trocken schütteln und fein hacken.

5. Zwei große Pfannen gut erhitzen und das Öl hinzugeben. Darin nun die Zwiebel kurz anschwitzen. Dann das Gemüse hinzugeben und kräftig anbraten.

6. Wenn die Streifen zusammenfallen, gut salzen und die Gewürze hinzugeben. Verrühren und nun den Schmant und die gehackten Kräuter unterrühren.

7. Das fertige Omelette auf eine Platte stürzen und in 12 Stücke schneiden. Auf dem Gemüse servieren.

ALLES MUSS WEG!

* **Suppeneinlage.** Omelette kann sehr vielseitig weiterverarbeitet werden: In kleine Würfel geschnitten, ist es eine tolle Suppeneinlage.

* **Brotbelag.** Sie können das Omelette in Scheiben schneiden und als Pausenbrotbelag verwenden.

* **Omelettegratin.** Hobeln Sie ordentlich Hartkäse über das Omelette und gratinieren Sie es 10–15 min im Ofen. Zusammen mit einem Salat, Vollkornbrot und einem Glas Milch ist das ein vollwertiges Mittagessen.

* **Cremesuppe.** Füllen Sie das Gemüse mit Gemüsebrühe und Sahne auf und lassen Sie es kurz aufkochen. Dann pürieren Sie alles und würzen nach Belieben. 1 Tasse Gemüse reicht für ca. 0,5 l Suppe.

* Natürlich dürfen Sie Kohl, Pilze und auch Spinat wieder aufwärmen, diese alten Küchenmythen wurden mittlerweile widerlegt. Wie bei allen anderen zubereiteten Speisen auch, sollte das Gemüse schnell abgekühlt werden, bevor es gelagert werden soll.

KOCHEN MIT EIERN

Nachhaltige Küchenpraxis

Es grenzt an Zauberei, was dieses kleine, zarte Oval alles kann. Kuchen werden locker und luftig, Suppen samtig und cremig, Mayo und Soßen bekommen ihre Bindung und in der Brühe sorgen Eier sogar für Klarheit. Ganz zu schweigen von der Vielfalt, die sich auftut, wenn man Eier in den Mittelpunkt der Speisen rückt. Die wichtigsten Grundtechniken, die besonders im Alltag mit Kindern nützlich sind, vermitteln wir hier.

EI – VERPACKUNG INKLUSIVE

Eine stabile Kalkschicht, ein luftdurchlässiges Häutchen: Das Ei bringt seine Verpackung gleich mit. Waschen Sie Eier nie, bevor Sie sie lagern, damit würde die wertvolle Schutzschicht zerstört, die das Ei haltbar macht. In einem kühlen Raum halten sich tagesfrische Eier ca. 14 Tage, im Kühlschrank schaffen Eier sogar 4–5 Wochen. Lassen Sie Kinder den Frischetest selbst machen (siehe S. 155). Eier atmen und nehmen auch Gerüche aus der Umgebung an. Deshalb sollte man Eier nicht in der Nähe stark riechender Lebensmittel aufbewahren.

RÜHREI UND OMELETTE

Rühreier sind nicht nur einfach herzustellen, sie garantieren auch vielseitige Variationen und immer eine schnelle Mahlzeit. Rechnen Sie bei Rühreiern mit einem Ei pro Kind. Die verquirlte und leicht gesalzene Eiermasse geben Sie in eine mittel erhitzte Pfanne und garen das Ei, indem Sie es mit einem Holzspatel immer wieder zur Mitte ziehen und zusammenhalten, braten Sie es nicht zu trocken und krümelig, Rührei darf noch cremig sein. Das Rührei eignet sich gut, um andere Produkte vorher anzuschwitzen und mit dem Ei weiterzubraten: z. B. Paprikawürfelchen und Käse, Frühlingszwiebel und Kräuter, Tomaten, Mais, Schinken, Pilze – der Fantasie und vor allem der Probierlust der Kinder sind keine Grenzen gesetzt.

PFANNKUCHENTEIG – LECKER!

Viele schnelle Leckereien aus Garten und Natur lassen sich mit Pfannkuchenteig zaubern. Hier ein paar Ideen:
300 g Dinkelvollkornmehl werden mit 600 ml Milch, 6 Eiern und ½ TL Salz mit dem Schneebesen gut durchgerührt. Vollkornteig sollten Sie etwas ruhen lassen und dann noch mal durchrühren, um evtl. etwas Flüssigkeit (Ideal: Sprudelwasser) nachzugießen. Und dann kann es auch schon losgehen mit den kreativen und nachhaltigen Pfannkuchenvariationen!
Im Frühling freuen sich die Kinder über die leckeren Hollerküchle. Dafür sammeln Sie frisch erblühte Holunderdolden. Diese müssen nun nur in Pfannkuchenteig getaucht werden und können dann in heißem Öl frittiert werden, bis sie goldbraun sind. Die Blütendolden vorher nicht waschen! Hollerküchle schmecken lecker mit Puderzucker und Obstkompott. Wenn im Sommer der Zucchini schießt, tauchen Sie einfach Zucchinischeiben in den Teig und frittieren Sie diese ebenfalls in heißem Öl. Die schnellen Zucchinipuffer schmecken auch kalt hervorragend und sind zwar länger haltbar, aber bestimmt sowieso schnell weggegessen. Tauchen Sie auch Brokkoli, Blumenkohl und andere Gemüsesorten in den Pfannkuchenteig und backen sie in Öl aus. Natür-

lich geht das auch süß mit Apfelringen oder Birnenspalten. Bitte beachten Sie aber, dass der Umgang mit heißem Öl für sehr kleine Kinder nicht geeignet ist. Die Kinder sollten Vorsichtsmaßnahmen verstehen und konsequent einhalten können, bevor sie an diese Gefahrenquellen herantreten.

Küchentechnisch können Sie mit denselben Ausgangszutaten immer auch einen klassischen Pfannkuchen herstellen, indem Sie Obst oder Gemüse in der Pfanne anschwitzen, mit Pfannkuchenteig übergießen und bei mittlerer Hitze fertig backen (wenn möglich, einmal wenden). Die beliebtesten Pfannkuchenvariationen werden schnell zum Lieblingsrezept! Lassen Sie die Kinder ihre eigenen Variationen finden: Mozzarella – Tomate, Apfel – Schinken, Birne – Käse, Paprika – Schafskäse oder Heidelbeer – Quark.

GEKOCHTE UND POCHIERTE EIER ZU »SPINATGERICHTEN«

Eier pochieren ist eine spannende und magisch aussehende Kochmethode, die die Denaturierung von Eiweiß im Kochprozess sichtbar macht. Dafür bringen Sie Wasser zum Sie-

den, geben einen kleinen Schuss Essig hinzu und lassen das rohe Ei vorsichtig hineingleiten. Mit Löffeln bringt man das gerinnende Ei im Wasser in Form. Ist es weiß und bleibt es in der Form, wird es mit der Schaumkelle herausgehoben und sollte sofort serviert werden. Für pochierte Eier können Sie ideal auch die Eier anderer Hausvögel einsetzen. Deren unterschiedliche Größen sind optisch für die Kinder reizvoll und geben Anlass, über Arten sowie deren Bedürfnisse und Lebensräume zu sprechen.

Spiegelei, wachsweich gekochtes Ei oder pochiertes Ei essen viele Kinder gerne mit cremigem Spinat und zarten Pellkartoffeln. Ein Klassiker der nachhaltigen Küche sind Spinatgerichte aus Wildkräutern und Wurzelgrün. Sie können das Blattgrün vieler Pflanzen zu einem »Spinat« verarbeiten, indem Sie es klein schneiden und zusammen mit Zwiebeln anschwitzen, bis das Grün zusammenfällt. Nun gießen Sie mit etwas Sahne auf und lassen das Ganze köcheln, bis das Grün bissfest ist. Würzen Sie mit Kräutern, Salz, Pfeffer und Senf. Crèmespinat können Sie mit diesen Blättern zubereiten: Brennnessel, Giersch, Rote Bete, Kohlrabi, Sellerie (sehr würzig), Radieschen, Möhre.

EIER – NATÜRLICHES FUNCTIONAL FOOD

Hintergrund Ernährung

Eier sind leistungsstark in der Küche, aber auch kleine ernährungsphysiologische Powerpakete. Da sie die Keimzelle für ein neues Leben sind, enthalten sie alles, was ein Organismus zur Entwicklung braucht. Aus diesem Grunde sind Eier auch für die menschliche Ernährung so bedeutsam.

Eier sind Lieferanten von besonders hochwertigem Eiweiß. Sie enthalten sämtliche wasser- und fettlöslichen Vitamine bis auf das Vitamin C sowie die Mineralstoffe Kalium, Calcium, Phosphor und Eisen. Im Eidotter sind die Fette Cholesterin und Lezithin sowie sekundäre Pflanzenstoffe, die der Augengesundheit dienen, enthalten. Cholesterin wird vom Körper u. a. für den Zellaufbau und für den Hormonhaushalt benötigt. Da diese Funktionen enorm wichtig sind, ist der Körper in der Lage, selbst Cholesterin zu bilden und seine Konzentration im Blut je nach Nahrungsangebot zu regulieren. Bei einer hohen Zufuhr, z. B. über Eier, wird die körpereigene Produktion im gesunden Organismus gedrosselt. Kinder können also bedenkenlos zu Ostern ein Ei mehr aus dem Osterkörbchen verspeisen.

Die Ernährung des legenden Huhns beeinflusst den Nährwert und Geschmack des Eis maßgeblich. Eier von Hühnern, die sich in der Freilandhaltung mit Pflanzen, Insekten, Würmern und Schnecken versorgen können, besitzen eine andere Fettzusammensetzung und haben beispielsweise einen höheren Gehalt an Omega-3-Fettsäuren als Eier aus Boden- oder Käfighaltung. Omega-3-Fettsäuren sind besonders wichtig für Kinder, deren Nervensystem sich noch im Aufbau befindet. Die Farbe der Eierschale sagt übrigens nichts über den Gesundheitswert des Eis oder Fütterungsbedingungen der Hühner aus, sondern lediglich über die Hühnerrasse. Bevor wir Hühner zu unseren Haus- und Nutztieren gemacht haben, waren sie Waldbewohner mit vielfältigen Verhaltensweisen (Baden im Staub zur Gefiederreinigung, Picken und Verzehren von Steinen zur Verdauungsförderung, Ruhen und Schlafen auf hochgelegenen Ästen), denen sie in der Massentierhaltung nicht mehr nachgehen können. Um das Tier und damit das Lebensmittel wertschätzen zu können, sollten Kinder persönliche Erfahrungen machen. Ein Kind, das ein frisch gelegtes, noch warmes Ei in Händen hält, entwickelt Respekt gegenüber dem Wert natürlicher Nahrung.

KLEINE WARENKUNDE EIER

Der Zahlen-und-Buchstaben-Aufdruck auf Eiern macht Kinder meist neugierig. Der Erzeugercode auf dem Ei gibt Aufschluss über die Art der Hühnerhaltung sowie die Herkunft des Eis.

Die erste Ziffer zeigt die Haltungsform an:
0 = ökologische Erzeugung, 1 = Freilandhaltung, 2 = Bodenhaltung, 3 = Käfighaltung

Das folgende Länderkürzel verrät, in welchem Land die Eier gelegt wurden (z. B. DE = Deutschland, AT = Österreich, BE = Belgien, NL= Niederlande). Nach dem Länderkürzel findet sich eine mehrstellige Ziffer, die Auskunft über den Legebetrieb gibt.

Achten Sie beim Einkauf auf das Mindesthaltbarkeitsdatum (MHD). Beim Einkauf sollten noch mindestens zwei Wochen

vor dem Erreichen des MHD liegen. Rechnet man vom MHD 28 Tage zurück, kann man den Legetag ermitteln. Der Handel darf die Eier nur bis zum 21. Tag nach dem Legedatum an den Endverbraucher verkaufen. Nach dem Legen ist ein Ei ab dem 3. Tag ausgereift, vorher hat es nicht das typische Aroma und lässt sich schlecht verarbeiten (das gekochte Ei lässt sich dann z. B. schlecht pellen). Damit Salmonellen keine Chance haben, achten Sie darauf, Eier immer erst kurz vor dem Aufschlagen aus dem Kühlschrank zu nehmen und sofort zu verwenden. Ein frisches Ei hat einen gewölbten Dotter mit festem Eiklar und einem wässrigen Ring drum herum. Die Frische des Eis können Sie ganz leicht mit Kindern testen: Sinkt das Ei in Salzwasser zu Boden, ist es frisch. Richtet es sich etwas auf, ist es ca. 1 Woche alt und kann noch verzehrt werde. Steigt es allerdings nach oben, darf es nicht mehr verarbeitet werden. Gleiches gilt für angeknackste Eier und Eier, die beim Schütteln »schlackern«. Ein frisches Ei erzeugt beim Schütteln kein auffälliges Geräusch. Wenn Sie ein Ei aufschlagen, erkennen Sie die Frische und Qualität daran, dass der Dotter nach dem Aufschlagen nicht zerläuft. Die Farbe des Eigelbs sagt nichts über die Qualität aus; leuchtend orangefarbenes Eigelb ist auf Betacarotin im Futtermittel zurückzuführen.

EI EI EI – ANDERE EIER

Übrigens sind nicht nur Hühnereier schmackhaft, auch Eier von Tauben, Enten oder Gänsen können wunderbar gegessen werden. Früher war es auch üblich, Eier von Wildvögeln wie Krähen oder Möwen zu verspeisen. Wachteleier kennt man als Hingucker aus der gehobenen Küche. Ab und an gibt es Straußeneier zu essen und natürlich essen wir auch Fischeier. Haben Sie schon mal ein Ei gegessen, das nicht vom Huhn kam? Probieren Sie es aus!

EIER

Hintergrund Nachhaltigkeit

Schon gewusst? In Deutschland wurden im Jahr 2011 etwa 700 Millionen Hühner geschlachtet. Rund 50 Millionen männliche Küken wurden vernichtet, da wirtschaftlich unbrauchbar.

Eier sind weltweit ein Symbol für Fruchtbarkeit. Deswegen spielen sie an unserem Frühlingsfest eine große Rolle. Eier sind DAS Osterthema für Kinder! Wie viele Arten kennen Sie, ein Ei zu essen? Und hatten Sie schon einmal mit Hühnern zu tun?

ICH WOLLT, ICH WÄR EIN HUHN?!

Singen Sie gemeinsam mit Kindern dieses Lied und reden Sie über das gemütliche Hühnerleben. Bilderbücher zeigen das Idyll häufig. Die Realität der meisten Hühner sieht anders aus. Inzwischen ist Käfighaltung für Hühner zwar verboten. Es gilt aber nach EU-Norm, dass zwanzig Masthähnchen pro Quadratmeter gehalten werden dürfen. Das sind 500 Quadratzentimeter pro Masthähnchen – ein DIN-A4-Blatt ist mehr als 600 Quadratzentimeter groß. Es gilt außerdem, dass nicht mehr als 33 kg pro Quadratmeter gehalten werden dürfen. Wie schwer sind Sie oder Ihre Kinder? Wie viel Platz hätten Sie dann zum Leben?

EIERPLATZ

Wir essen 210 Eier pro Person und Jahr in Deutschland. Die Hälfte davon als Fertigprodukte in Nudeln oder Kuchen. Sieben Milliarden dieser Eier werden importiert. Überlegen wir mal: Jeder Deutsche isst 210 Eier pro Jahr. Ein Hochleistungshuhn in Industriehaltung produziert 298 Eier pro Jahr. Das bedeutet, dass wir für 80 Millionen Einwohner mindestens 56.375.838 Hühner brauchen, die alle aktiv Eier legen. Die Aufzucht von jungen Hühnern ist hierbei nicht beachtet! Wenn wir diese in knapper Freilandhaltung mit genau 4 m² pro Huhn halten, brauchen wir immer noch 225 km² Fläche – das entspricht ca. der Hälfte von Bremen. Für die Aufzucht von Junghühnern und evtl. nicht so intensive Ausbeute und den Anbau von Hühnerfutter müssten wir wahrscheinlich mehr als ganz Bremen evakuieren und mit Hühnern besiedeln. Vielleicht würden wir das sogar noch hinbekommen. Der natürliche Lebensraum eines Huhns beträgt aber 475 m²! Das ist mehr als 100-mal so viel, wie ihnen in der Freilandhaltung zugebilligt wird. Wollten wir Hühner für alle unsere Eier so halten, bräuchten wir mehr als die Fläche von Mecklenburg-Vorpommern. Und das nur für die Hühner! Die anderen Tiere kommen schließlich auch noch dazu. Was bleibt uns? Entweder weniger Eier essen, Eier weiter in Bodenhaltung / Gruppenhaltung produzieren lassen oder einiges an Land opfern, das dann allerdings auch nicht mehr zur Produktion von Futtermitteln zur Verfügung steht. Finden Sie andere Lösungen? Was schlagen Sie vor?

AUFRUHR IM HÜHNERSTALL!

Um Fleischproduktion gibt es oft Skandale. Auch Hühner und Hähnchen sind häufig in den Schlagzeilen zu finden! Hühnergrippe, Dioxin im Ei, Skandale um Hühnerhaltung und Hygiene stehen ganz oben auf der Tagesordnung. Auch Biohühner sind mitunter in den Medien, denn die EU-Öko-verordnung schreibt zwar einiges an Verbesserungen für das Hühnerleben vor, die Eierindustrie weiß aber ihre Schlupflöcher zu nutzen. Artgerecht können so viele Hühner auf einem Haufen nicht gehalten werden. Der Verband Demeter untersagt daher Herden über 3.000 Tiere. Werden Hühner artgerecht gehalten, ist laut ARD von einem Preis von 60 Cent pro Ei und 18 Euro pro Kilogramm Geflügelfleisch auszugehen. Ein konventioneller Mäster hat einen maximalen Gewinn von 20 Cent pro Tier.

SO EIN MIST!

Hühner essen Getreide – gerne Mais und Weizen – und bekommen zur Stabilität ihrer Eier auch etwas Kalk ins Futter. In der industrialisierten Landwirtschaft essen sie meist Soja und Mais. Natürlich legen sie nicht nur Eier, sondern auch Kot. Dieser Kot wird als Dünger in der Landwirtschaft eingesetzt. Zu den Skandalen um Hühnerkot gehört, dass oft tote Hühner unter den Mist gemischt sind und von ihnen eine Krankheitsgefahr ausgeht. Durch die Kadaver kann Botulismus übertragen werden. Das ist eine Krankheit, die nicht nur für Hühner, sondern vor allem für Rinder, aber auch für Menschen gefährlich werden kann. Außerdem ist Lagerung von Hühnerkot ein Problem, denn diese ist auf offenem Feld aus Gründen des Gewässerschutzes verboten, wird aber dennoch praktiziert. Geflügelkot ist als Dünger besonders beliebt, da er verhältnismäßig trocken ist und einen hohen Nährstoffwert besitzt. Oft wird er vorher in Biogasanlagen zusammen mit Mais ausgegast. Das ist auch gut so, denn dann riecht der Mist nicht so streng, ist für die Äcker verträglicher und wir haben noch Wärme und Strom gewonnen. Der Prozess in der Biogasanlage läuft mit Gülle und Mist besser als nur mit Pflanzen, da Kot Stickstoffverbindungen und Spurenelemente liefert, die gut für die Gas produzierenden Mikroorganismen sind. Schlecht ist, dass Tierkot mitunter mit Antibiotika und Desinfektionsmitteln belastet ist. Das bekommt den Gas produzierenden Bakterien und der Mikrobiologie auf den Feldern nicht. Durch eine Vergärung können außerdem die Emissionen des klimaschädlichen Methans reduziert werden. Hühnerkot ist ein so guter Dünger, dass er mit 33–36 Euro / Tonne gehandelt wird. Übrigens besteht auch der Dünger, den Sie für Ihren Kleingarten kaufen, häufig aus Geflügelkot!

EIERGELD

Gemessen an der Preissteigerung in den letzten 45 Jahren sind Eier hierzulande eines der preiswertesten Lebensmittel. Für ein Ei musste der Verbraucher 1950 circa 22 Pfennige zahlen. Heute kostet ein Ei zwischen 10 und 60 Cent (je nach Haltungsform). Dies war nur durch Leistungssteigerungen aufgrund von Optimierungen in Zucht, Haltung und Fütterung möglich. Die jährliche Legeleistung der  Hennen stieg zwischen 1950 und 2012 von 120 Eiern auf etwa 298 Eier. Wie viel Leid steckt dahinter?

NACHGEMACHT!
Tipps und Anregungen

— Auch hier gilt wieder: Kaufen Sie Eier aus ökologischer Landwirtschaft und essen Sie weniger Eier, dafür mehr eiweißhaltige Pflanzen und Hülsenfrüchte.

— Spielen Sie mit Kindern das Hühnerleben nach: Platz für ein Masthähnchen: 33 kg pro Quadratmeter. Wie viel müssten dann auf einer solchen Fläche zusammenstehen?

— Suchen Sie sich einen Direktvermarkter, bei dem Sie nachhaltig Eier und Hühnerfleisch kaufen können, und unterstützen Sie die regionale Landwirtschaft.

SPIELWIESE

Spiele und Experimente

FINDE DAS EI!

Entdecken Sie mit den Kindern die vielfältigen Verwendungen von Eiern und üben Sie dabei ganz nebenbei den geschulten Blick auf Lebensmittelverpackungen. Besorgen Sie hierfür verschiedene Lebensmittel, z. B. Nudeln, Kuchen, Kekse, Reis, Schokolade (also auch Lebensmittel, in denen keine Eier enthalten sind). Bevor die Lebensmittel untersucht werden, stellen Sie den Kindern Fragen: Was habt ihr schon einmal mit Eiern gemacht? Habt ihr schon einmal einen Kuchen gebacken? Habt ihr dazu Eier gebraucht? Was kennt ihr für Lebensmittel, in denen Eier enthalten sind? Wisst ihr, warum in vielen Lebensmitteln Eier enthalten sind? Danach können die Lebensmittel gezeigt werden, und es kann besprochen werden, in welchen Produkten Eier enthalten sind. Schulkinder können die Verpackungsangaben lesen und darauf nach Eiern suchen.

WIE STABIL IST EINE EIERSCHALE?

Versuchen Sie, ein rohes Ei mit der bloßen Hand zu zerdrücken. Überlegen Sie vorher zusammen mit den Kindern, was passieren wird, und probieren Sie es dann aus. Was wird gebraucht? Ein rohes Ei, das keine Beschädigungen aufweisen darf, und für Vorsichtige einen Gefrierbeutel. Halten Sie das Ei in der Hand, wobei Handfläche und Finger das Ei gleichmäßig umschließen. Dann stecken Sie die Hand in einen Gefrierbeutel. Drücken Sie gleichmäßig und mit allen Fingern zu. Was passiert? Lösung: Wenn das Ei wirklich keine Risse hatte, konnten weder Sie noch Kinder das Ei zerbrechen. Ein Ei ist fast eine Kugel und gehört zu den stabilsten Konstruktionen überhaupt. Es hält gleich-mäßigem Druck besser stand als jede andere Form, denn es besitzt keine Schwachpunkte. Nicht nur seine Form schützt das Ei jedoch vor dem Zerbrechen. Das Ei besteht aus Flüssigkeit. Übt man Druck auf Flüssigkeit aus, verteilt sich dieser gleichmäßig und erzeugt einen entsprechend gleichmäßigen Gegendruck von innen.

TIER-EIER-MEMORY

Stellen Sie ein Eierratespiel zusammen. Kleben Sie Fotos von Tieren und ihren Eiern jeweils auf eine Pappe. Zuerst schauen sich die Kinder ein Bild von einem Ei an. Welches Tier könnte das gelegt haben? Die Kinder sollen die Karte mit dem zugehörigen Tierfoto finden. So geht es weiter: Immer ein Foto von einem Ei, dann ein Foto von einem Tier zeigen. Das Spiel ist zu Ende, wenn alle Tiere erraten sind. Für Kenner kann man das auch wie Memory spielen.

TIERE IN DER KITA – VORAUSSETZUNGEN

Viele Einrichtungen und auch Familien haben großes Interesse an der Nutztierhaltung. Es ist leider nicht so einfach, Hühner zu halten. Das erfordert ein großes Engagement eines Teams bzw. der Familienmitglieder. Hühner müssen gefüttert werden, morgens aus dem Stall gelassen und abends wieder hereingeholt werden. Der Stall muss ausgemistet und der Mist gut entsorgt werden. Auf gründliche Hygiene ist zu achten, und das Gesundheitsamt und der Tierschutz könnten mal vorbeischauen. Verboten ist es allerdings nicht und einige Kindergärten oder Grundschulen leihen sich vom Geflügel- oder Kleintierzüchterverein eine Brutmaschine zu

Ostern und lassen Eier ausbrüten – ein tolles Thema, gerade für Stadtkinder! Da Hühner als »Kleintiere« gelten, ist auch ihre Haltung selbst in reinen Wohngebieten ohne Genehmigung zulässig – sofern sich das Ausmaß der Haltung im privaten Rahmen bewegt. Kleine, mobile Hühnerställe sind genehmigungsfrei. Bei der Haltung von Hähnen ist zu bedenken, dass sie nicht nur Frühaufsteher, sondern auch sehr laut sind. Das könnte Ärger mit den Nachbarn geben. Hühner kommen auch ganz prima ohne Hahn aus, legen dennoch Eier, bekommen nur keine Küken. Die Tiere müssen dem zuständigen Veterinäramt und der Tierseuchenkasse gemeldet werden. Es ist Pflicht, seine Hühner gegen die Newcastle-Krankheit (Vogelgrippe) zu impfen. Wenn Hühner sterben, ist ein Tierarzt zu rufen, um eine Vogelgrippe auszuschließen.

EIEREXPERIMENTE UND SPIELE MIT EI

Ein Klassiker ist der Eierlauf, der Spaß macht und die Motorik schult. Auch das Ausblasen und Anmalen von Ostereiern macht immer wieder Freude.

Wie kriegt man ein Ei in eine Flasche? Und wie wieder heraus? Stellen Sie eine Milchglasflasche (oder eine andere Flasche mit größerer Öffnung) in heißes Wasser. Warten Sie, bis die Flasche sich erwärmt hat, und setzen Sie dann schnell das Ei auf die Flaschenöffnung, es wird langsam hineingleiten. Falls das Ei in der Flasche noch heil ist, können Sie es per Luftdruck wieder aus der Flasche hinausbefördern, indem Sie die Flasche kopfüber halten und mit einem Strohhalm an dem Ei vorbeipusten.

PILZ

Lebensmittel des Tages

Die Menschen ernähren sich schon seit Jahrtausenden von Pilzen. Weltweit gibt es rund 100.000 Pilzarten, mehrere 100 sind essbar.

Anbau

Ihr Vegetationskörper breitet sich großflächig als feines Fadengeflecht unter der Erde aus, wir ernten nur die »Blüten«.

Pilze werden meist auf Substraten kultiviert, bei 80–90 % Feuchtigkeit und oft auch im Halbdunkel. Ideal sind 25 °C Raumtemperatur.

Substrate und Pilzbrut für den Anbau im eigenen Keller oder Gartenhaus bekommt man in Gartencentern oder Versandgärtnereien.

Für den Handel werden Pilze in Züchtungen angebaut.

Erntezeit: Wildpilze im Herbst, Kulturpilze ganzjährig.

Größte Stärke

Pilze sind sehr eiweißreich und bieten meist einen gesunden Aminosäurecocktail. Champignons sind so eiweißreich wie Milch.

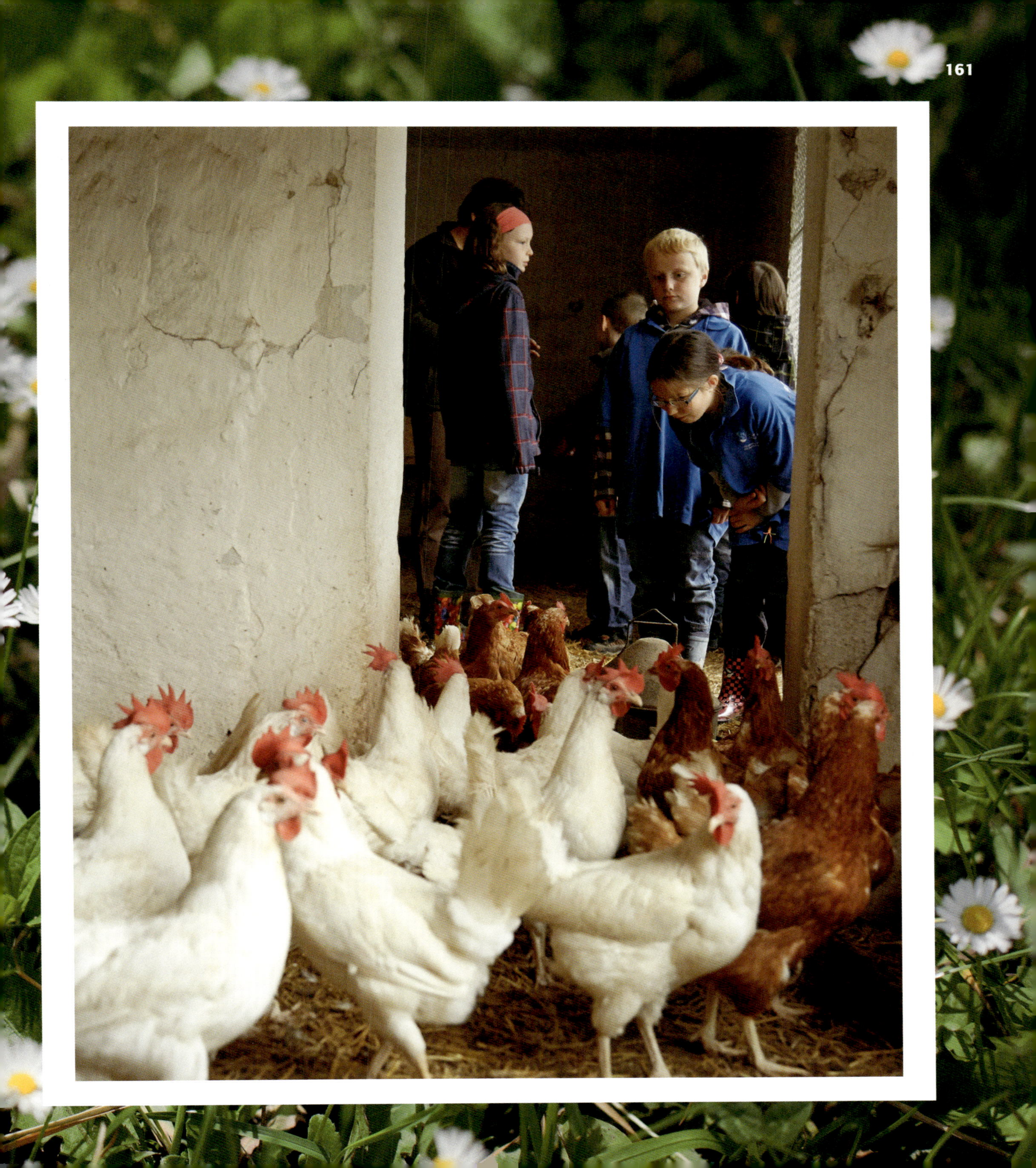

FIX UND FERTIG – ESSEN AUS DEM SUPERMARKT

In diesem Kapitel nehmen wir die »bequemen« Produkte
genauer unter die Lupe und stellen schließlich fest:
Nicht nur der Inhalt ist problematisch,
auch die Verpackung. Vorneweg verarbeiten wir
mit den Kindern in der Küche Hülsenfrüchte.

HÜLSENFRÜCHTECREMES

Rezept und Resteverwertung

Geeignet für: Abendessen, Pausenbrot, Party
Schwierigkeitsgrad: mittel

Frühling	Sommer	Herbst	Winter
400 g grüne Erbsen	300 g weiße Bohnen	300 g gelbe Erbsen	300 g Linsen
1 Bund Frühlingszwiebel	1 rote Zwiebel	2 Möhren	1 Rote Bete
1 Bund Bärlauch	1 roter Paprika	⅛ Sellerie (ca. 50 g)	1 Apfel
½ Bund Petersilie	2 Fleischtomaten	1 Apfel	100 g Nüsse
2 EL Rapsöl	2 Knoblauchzehen	1 Bund Petersilie	1 Bund Petersilie
Salz, Pfeffer	1 Bund glatte Petersilie	2 EL Nussöl	½ Bund Majoran
1 TL Sanddornsaft	2 EL Rapsöl	Salz, Pfeffer	2 EL Nussöl
6 kleine Kohlrabi	Salz, Pfeffer	1 Tl Apfelessig	Salz, Pfeffer
	1 TL Birnendicksaft	4 Fenchelknollen	1 TL Apfelessig
	6 Zucchini		12 Chicoréeblätter

Und so geht's:

1. Die trockenen Hülsenfrüchte müssen vor der eigentlichen Verarbeitung eingeweicht oder gar gekocht werden. Um Einweichzeiten zu umgehen, können Sie den Schnellkochtopf nutzen. Die frischen Erbsen 5 min blanchieren.

2. Abgießen und vom Kochwasser ½ l aufheben. Die Hülsenfrüchte abkühlen lassen.

3. Inzwischen Gemüse und Kräuter sehr fein schneiden.

4. Zwiebel mit etwas Öl in einer Pfanne anschwitzen. Für den Sommeraufstrich den Paprika anbraten und schmoren. Für den Herbst- und Winter-Dip Möhren, Sellerie oder Rote Bete kurz anschwitzen, in ca. ¼ l Einweichwasser gar kochen.

5. Beim Sommerdip löschen Sie die Paprika mit den Tomaten ab und geben den gepressten Knoblauch hinzu. Ist das Ragout zu trocken, geben Sie ein paar EL Einweichwasser hinzu. Zu den Frühlingswiebeln in der Pfanne beim Frühlingsdip geben Sie gehackte Petersilie und Bärlauch und frittieren dieses im Öl mit den Zwiebeln kurz.

6. Nun die Hülsenfrüchte mit dem Pfannenragout vermischen, etwas Einweichwasser und die restlichen Zutaten und Gemüse hinzugeben. Zum Winterdip den Apfel vorher reiben. Nun alles mit dem Pürierstab grob durchpürieren. Wasser nachgießen, wenn es zu fest wird. Salzen, pfeffern, würzen.

7. Servieren Sie die Creme in Gemüseschiffen. Dafür werden Kohlrabi, Zucchini und Fenchel halbiert und ausgehöhlt. Dahinein wird die Creme gefüllt oder auf einem Chicoréeblatt angerichtet.

ALLES MUSS WEG!

✳ **Dips und Aufstrich.** Hülsenfrüchtecremes halten sich im Kühlschrank in einem Glas mehrere Tage. Sie eignen sich als Aufstrich fürs Pausenbrot und für Sandwiches. Die Cremes schmecken auch als Dips für knackiges Rohkostgemüse.

✳ **Nudelgericht.** Die Hülsenfrüchtecremes lassen sich wie Pesto zu einem schnellen Nudelgericht verarbeiten. Einfach Nudeln kochen und die Creme mit etwas Kochwasser und Öl gut mit den Nudeln vermengen. Damit es würzig ge-

nug wird, sollte man mit mindestens 2 Esslöffeln Creme pro 50 g Nudeln rechnen.

✳ **Falafel.** Wenn die Cremes eher mit fester Konsistenz zubereitet wurden, lassen sie sich ohne Weiteres zu »Falafel« formen. Sollte die Masse zu flüssig sein, kann man sie einfach mit ein paar Esslöffeln Semmelbröseln »trocknen«. Die Falafel werden nun in Öl ausgebacken. Die Hülsenfrüchte-Bratlinge eignen sich auch als Belag für einen vegetarischen Burger!

DAS ABENDBROT

Nachhaltige Küchenpraxis

Ein nachhaltiges Abendbrot beinhaltet natürlich viele regionale Köstlichkeiten. Fleisch und Wurst sollten nicht im Mittelpunkt und nur ein- bis zweimal die Woche auf dem abendlichen Speiseplan stehen. Wir empfehlen zur kalten Mahlzeit eher pflanzliche Kost, wie die Hülsenfrüchtecremes (siehe rechts). Was Sie im Fleischkapitel erfahren haben, gilt auch für kalte Aufschnitte. Ideal ist gekochtes Fleisch, das zu Mittag bereits eine Suppe ergeben hat. Oder Räucherschinken am Stück direkt vom ökologischen Erzeuger aus artgerechter Haltung. Auch bei Wurstwaren gilt das nachhaltige Prinzip, Produkte zu bevorzugen, die einen niedrigen Verarbeitungsgrad haben. Geräucherte Waren sollten übrigens unverpackt im Lagerkeller frei von der Decke hängen.

ALLES KÄSE?

Käse gibt es regional in den unterschiedlichsten Ausführungen. Deutschland hat eine spannende Käsevielfalt zu bieten, besonders kreativ ist man hierzulande beim Schnittkäse. Viele Biohöfe haben ihre eigenen Hofspezialitäten. Oft können Sie dort auch eine Biokiste mit einer regionalen Käseauswahl bestellen. Einen Überblick über die Käsegruppen und -sorten erhalten Sie auf Seite 200.
Alle Käsearten, außer Frischkäsesorten, sollten eine Stunde vor dem Verzehr aus dem Kühlschrank genommen werden, damit sie ihr volles Aroma entfalten können. Wenn Sie größere Stücke länger lagern wollen, schlagen Sie den Käse in ein sauberes Geschirrtuch, das Sie in leicht gesalzenem Wasser getränkt und gut ausgewrungen haben. Das müssen Sie alle zwei Tage wiederholen. Der Käse sollte bei maximal 12 °C luftig gelagert werden. Aufschnitt und kleine Stücke in Pergament im Gemüsefach des Kühlschranks lagern.

WARENKUNDE HÜLSENFRÜCHTE

Hülsenfrüchte sind günstig, gesund und nachhaltig. Die Vielfalt, mit der sich Bohnen, Linsen und Co. zubereiten lassen, ist enorm, die Lagerungsdauer ohne Nährstoffverlust ebenso, und als Lieferant von wertvollem pflanzlichem Eiweiß und als ernährungsphysiologischer Fleischersatz ist die Hülsenfrucht der Star in Sachen Nachhaltigkeit. Richtig zubereitet, werden die Kinder den zarten süßlichen Geschmack und die cremige Konsistenz der kleinen Powerkerne lieben. Sollten Sie selbst Bohnen oder Erbsen ernten können, müssen die Kerne aus den Schalen gepalt und zum Trocknen ausgelegt werden. Die getrockneten Früchte sollten trocken, kühl und luftig z. B. in Säcken gelagert werden. Entdecken Sie gemeinsam mit den Kindern den Spaß an Bohnen und werden Sie Gärtner. Beim Einkauf von Hülsenfrüchten sind aus vollwertiger Sicht die ungeschälten Sorten zu bevorzugen. Ähnlich wie beim Vollkorn erhalten Sie dadurch alle wichtigen Inhaltsstoffe, die in und unter der Schale stecken. Ungeschälte Hülsenfrüchte haben allerdings eine etwas längere Kochzeit und müssen meist über Nacht eingeweicht werden. Sie sind für ungeübte Mägen erst mal etwas schwerer verdaulich. Deshalb empfiehlt sich zu einem Hülsenfrüchtegericht bei Kindern immer die gleichzeitige Gabe von Tees, die den Darm beruhigen: Fenchel, Anis, Kümmel.

EXTRA PORTION EIWEISS: HÜLSENFRÜCHTEPÜREES ALS WARME BEILAGE

Zu Gemüseragouts, Bratlingen, Grillgemüse und vielem mehr passen Pürees aus Erbsen, Linsen oder Bohnen ganz hervorragend. Hierfür werden die Hülsenfrüchte zunächst gar gekocht. Wie beim Kartoffelpüree wird ein Sahne-Milch-Gemisch erhitzt und mit Salz und Muskatnuss gewürzt. Nach und nach das Gemisch zu den abgeseihten Hülsenfrüchten geben und gleichzeitig zerstampfen. Ist das Püree cremig genug, keine Milch mehr zugeben. Nun mit Salz, Pfeffer sowie mit Kräutern und Gewürzen abschmecken. Mit Butter oder Öl verfeinern.

INDUSTRIELLE LEBENS- MITTELPRODUKTION

Hintergrund Ernährung

Vieles von dem, was wir zum Abendbrot essen, wie Milchprodukte, Käse oder Wurst, sind industriell verarbeitete Lebensmittel. Aufstriche oder Soßen, Mayonnaise-Salate oder auch viele Brotspezialitäten – all das ist oft in Fabrikhallen entstanden und über Produktionsstrecken gewandert.

Viele Tausend Jahre spazierte der Mensch quasi mit seinem Einkaufskorb durch die Natur und bediente sich an den Auslagen. Mit der Zeit wurden die ersten Kochtechniken erfunden und zufällig auch die ersten Verarbeitungs- und Konservierungsmethoden. So entwickelte sich mit der Evolution auch das Handwerk der Lebensmittelzubereitung. Ein weiterer entscheidender Schritt war die Einführung von Ackerbau und Viehzucht. Menschen sorgten von nun an selbst dafür, dass Nahrung zur Verfügung stand. Jahrhundertelang bestellten Bauern die Felder und züchteten Tiere. Schlachter, Bäcker oder Käser verarbeiteten die Erzeugnisse zu Lebensmitteln. In den 1920er-Jahren setzte eine neue Kulturrevolution ein: Immer öfter wurden Lebensmittel nun industrialisiert und nicht mehr klassisch handwerklich hergestellt. War das Ziel am Beginn der industrialisierten Ernährung noch, möglichst viele Menschen einfach und schnell mit Nahrungsenergie zu versorgen, liegt der Fokus heute darauf, mit immer neuen Produkten und immer billigeren Produktionsmethoden die Gewinne zu steigern. In den letzten 50 Jahren hat sich die industrielle Nahrungsmittelproduktion nochmals verändert. Wir haben es heute mit wenigen global operierenden Lebensmittelkonzernen zu tun, die weltweit Nahrung für Milliarden Menschen produzieren und damit handeln. Das dient nicht dem Stillen des Hungers weltweit, denn der hat sich trotz industrialisierter Nahrungsmittel nicht beseitigen lassen. Das dient dem Profit. Eine absurde Blüte dieses Systems ist aktuell, dass wir jeden Tag tonnenweise verwertbare Lebensmittel wegwerfen, weil sie z. B. nicht in die EU-Norm passen oder aus anderen Gründen nicht verkäuflich sind. Die Optimierung der Produktionsprozesse vor allem in der industrialisierten Landwirtschaft hatte zur Folge, dass immer weniger Betriebe immer mehr produzierten. Leider auch mit Folgen, die nicht mitbedacht wurden: Monokulturen, chemische Schädlingsbekämpfung und Kunstdünger, Zerstörung von Ökosystemen, Massentierhaltung, weitreichende Folgeschäden durch Ausbeutung der Natur. Sie haben viel darüber in den letzten Kapiteln gelesen und erfahren.

BEQUEMES ESSEN?

Ein Merkmal unserer heutigen Angebotspalette ist, dass viele Produkte erfunden wurden, die wir nicht brauchen, aber bequem finden. Gemeint sind die sogenannten Convenience-Produkte. Das sind Speisen, die schon fertig zubereitet sind, wie z. B. Ketchup, Kohlrouladen für die Mikrowelle, Fruchtjoghurt, Wurst, Tiefkühlpizza. Für Geschmack, Haltbarkeit und Aussehen fügt die Industrie diesen Produkten allerlei Zusatzstoffe zu. Bei der Herstellung werden wiederum künstliche Stoffe eingesetzt (Produktionsstoffe), die nicht auf der Zutatenliste vermerkt werden müssen. Stoffe, die beispielsweise ihr Brot länger haltbar machen oder es saftiger schmecken lassen, werden während der Produktion eingesetzt und können so

als Produktionsstoffe aus der Zutatenliste gestrichen werden. All diese zusätzlichen Stoffe brauchen wir Menschen nicht, manchmal sind sie je nach Konzentration auch schädlich. Besorgt beobachtet man seit einigen Jahren einen Anstieg der Zivilisationserkrankungen. Einem Drittel aller Erkrankungen liegt eine schlechte Ernährung zugrunde: Herz-Kreislauf-Erkrankungen, Diabetes, bestimmte Krebsarten. Warum? Unsere Ernährung hat Konsequenzen: zu fett, zu süß, zu salzig, zu wenig bioaktive Substanzen – das ist die Nährwert-Bilanz vieler industriell hergestellter Lebensmittel.

Manche Zutaten weisen sich schon durch ihren Namen als künstlich und unnötig aus: E 450 z. B. ist dem Körper völlig unbekannt. Findet man eine Vielzahl an Zutaten, deutet das auf viele verschiedene Arbeitsschritte und damit industrielle Verfahren hin, die durch Hitze, Oxidation, Schockfrost o. Ä. die Strukturen der Lebensmittel und ihrer Enzyme, Aminosäuren oder Vitamine zerstören. Ein Wegweiser für den Einkauf kann folgender Leitsatz sein: Wenn mehr als fünf Zutaten in einem Produkt enthalten sind, handelt es sich nicht mehr um ein »Lebens-Mittel«.

Die Industrie gibt die Verantwortung offiziell an Sie als Verbraucher ab: Was Sie kaufen, entscheiden Sie! Natürlich ist der Hersteller dazu verpflichtet, den Verbraucher darüber zu informieren, wie sein Produkt beschaffen ist. Dazu gibt es eine Lebensmittelkennzeichnungsverordnung, an die die Hersteller gesetzlich gebunden sind. Die Angaben auf den Verpackungen müssen detailliert sein und natürlich wahrheitsgemäß. Das wird andernorts in unterschiedlichen Prüfstellen regelmäßig kontrolliert. Dabei kann sich der Verbraucher an den offiziellen Siegeln der Kontrollinstanzen orientieren (z. B. Identitätssiegel, EU-Biosiegel, Siegel von Bioanbauverbänden, Fair-Trade-Siegel).

Was allerdings die Bilder und Grafiken auf den Verpackungen erzählen, das ist etwas anderes: klangvolle Namen, Siegel von merkwürdigen Instituten, in denen die Qualität des Produktes bescheinigt wird, atmosphärische Bilder, die Assoziationen in uns wecken. Das alles ist Verkaufsdesign und nicht Realität. Die Verpackung ist auch eines der zentralsten Probleme der industriellen Lebensmittel in Bezug auf die Nachhaltigkeit: Wir versinken in umweltschädlichem Verpackungsmüll!

GUT VERPACKT?

Hintergrund Nachhaltigkeit

Schon gewusst? Jeder Bundesbürger wirft jährlich 72 kg Verpackungsmüll weg. 136 Tierarten sterben an Plastikmüll, bereits 97 % der Eissturmvögel in Deutschland haben Plastik im Bauch.

(UN)ANGENEHM VERPACKT

Unsere Convenience- also Annehmlichkeitsprodukte, sind meist gut verpackt. Zur Herstellung einer Dose werden ca. 1,2 Kilowattstunden Energie verbraucht. Das sind umgerechnet 860 Kilokalorien. Sind Ravioli darin verpackt, haben diese 712 Kilokalorien. Das ist ein Drittel unseres Tagesbedarfs und dennoch nicht so viel, wie in der Verpackung steckt! Die Verpackung ist also mehr »wert« als der Inhalt. Also lieber die Dose essen? Was für Lösungen fallen Ihnen ein?

(UN)ANGENEHM PRODUZIERT

Eine Aluhütte ist zweitgrößter Stromverbraucher in Deutschland und bekommt ihren Strom für 5 Cent pro Kilowattstunde, um auf dem Weltmarkt bestehen zu können. Wissen Sie, wie viel Sie für Ihren Strom bezahlen? Die Produktion einer Dose kostet wahrscheinlich ca. sechs Cent. Würde der Strom so viel kosten wie für Sie, würde der

Dosenpreis fast 30 Cent betragen. Die Dose Ravioli kostet ca. 1,54 Euro. Die Dose macht also nicht ganz vier Prozent des Produktpreises aus.

ANGENEHM WEGGEWORFEN

Haben wir eine Dose gekauft und zu Hause die Ravioli verspeist, werfen wir die Dose in den Müll. Da wir umweltbewusst sind, trennen wir Müll. Das meiste des Metallmülls wird dank der hohen Rohstoffpreise recycelt. Plastikverpackungen werden hierzulande allerdings hauptsächlich verbrannt. Eine Plastiktüte ist nicht biologisch abbaubar. Daher haben einige Länder Plastiktüten verboten. Da es für die Branche profitabel ist, Plastik in ihren sehr großen Müllverbrennungsanlagen zu verbrennen, verbieten wir es hierzulande lieber nicht. Wir haben sogar den Abfall aus dem Müllskandal in Neapel 2008 hierhergeholt, da unsere Müllverbrennungsanlagen so groß sind, dass sie zu wenig Müll für ihre Auslastung haben, um Strom und Fernwärme zu produzieren, die wiederum verkauft werden sollen.

WEG IST WEG?

Verbrannter Plastikmüll ist weg, ODER? Die Verbrennungsanlagen verfügen über umfangreiche Filteranlagen, damit die Abgase, die aus den Anlagen entweichen, nicht giftig für Mensch und Umwelt sind. Die Schlacke, die aus Müllverbrennungsanlagen herauskommt, wird zum Auffüllen von stillgelegten Minen benutzt oder als Baumaterial verwendet. Der Staub und die Asche aus den Filtern sind Sondermüll, der abgeschlossen auf Sondermülldeponien oder in geschlossenen Bergwerken gelagert werden muss. Es handelt sich dabei um hochgiftige Abfälle, die für immer dort bleiben. Auch unsere Lösung des Plastikproblems ist also eher eine Verminderung und ein Aufschub. Was fällt Ihnen ein, wie Sie den Plastikabfall in Ihrem Leben reduzieren können?

GUTES PLASTIK – BÖSES PLASTIK?

Menschen, die in Bioläden oder bewusst Bioprodukte einkaufen, machen das oft aus Qualitäts- und Gesundheitsgründen. Die Produkte sind teurer als konventionelle. Daher ist diese Kundschaft anspruchsvoll. Sie möchten nicht, dass jemand ihre Kartoffel angefasst hat oder der teure Apfel eine Druckstelle hat. Außerdem möchten wir doch alle, dass bio wirklich bio ist und nicht mit der danebenliegenden Ware verwechselt wird. Aus diesen Gründen sind Bioprodukte im Supermarkt gesondert verpackt und verursachen mehr Abfall als konventionelle. Auch in Biosupermärkten und Bioläden finden sich immer mehr verpackte Produkte – meist neben der losen Ware. Versuchen Sie, unverpackte Ware zu kaufen, gelingt es Ihnen?

UND WAS WERFEN WIR NOCH WEG?

Bleiben wir noch ein bisschen bei der anspruchsvollen Kundschaft. Wir sind es heutzutage gewohnt, dass die Lieblingstiefkühlpizza nicht nur in Hamburg und München gleich schmeckt, sondern man sie auch in Zagreb, Madrid oder Stockholm kaufen kann. Darüber hinaus hat der Konsument eine Vorstellung davon, wie ein Apfel, eine Tomate oder eben die EU-Salatgurke auszusehen hat. Unsere Gemüse sind deshalb genormt. Wer einen Kleingarten bewirtschaftet, weiß, wie schwierig es ist, immer das gleiche Gemüse zu produzieren. Auch der industriellen Landwirtschaft gelingt das nicht. Weil die krummen Möhren oder Gurken nicht gekauft werden, bleiben sie auf dem Feld, denn es macht keinen Sinn, sie den weiten Weg zu uns in den Laden zu fahren, wenn sie hier eh weggeworfen werden. Auf dem Feld werden sie immerhin als Dünger verwendet. Haben Sie schon einmal bewusst »unschöne« Produkte gekauft?

NACHGEMACHT!
Tipps und Anregungen

— Besuchen Sie mit Kindern ein Entsorgungsunternehmen in Ihrer Nähe! Die haben oft eine Bildungsabteilung und bieten Führungen für Kinder und Material an.

— Wenn Sie die Möglichkeit haben, gehen Sie mit Kindern auf abgeerntete Felder, und schauen Sie, was da noch zu finden ist.

— Fragen Sie im Laden, was alles weggeworfen wird und ob davon an gemeinnützige Suppenküchen gespendet wird. Vielleicht erhalten Sie für Ihr Kochprojekt eine Beispielpalette davon.

— Nutzen Sie Verpackungsalternativen. Bei der Produktion eines Baumwollbeutels wird ca. 14-mal so viel Kohlendioxid emittiert wie bei einer Plastiktüte. Wenn Sie diesen Beutel 14-mal benutzen, haben Sie die Produktion wieder »eingespielt« und außerdem verrottet Baumwolle.

— Wenn Sie Plastiktüten haben, verwenden Sie sie mehrmals, beispielsweise auch als Müllbeutel.

— Sprechen Sie in Supermärkten über Verpackung mit dem Personal. Kaufen Sie mit mitgebrachten wiederverwertbaren Boxen und Schüsseln ein.

SPIELWIESE

Spiele und Experimente

LEBENSMITTELDETEKTIVE

Auch Kinder können ihre Nahrungsmittel kritisch unter die Lupe nehmen. Ziel ist, wie ein Detektiv etwas darüber herauszufinden. Tatort ist der Supermarkt. Die Jüngeren sollen jeweils das Lebensmittel suchen, das am meisten verpackt ist, und dann eines, das am wenigsten verpackt ist. Damit sensibilisieren Sie schon die Kleinsten für das Thema Verpackungsmüll. Größere Lebensmitteldetektive, die lesen können, bekommen einen etwas komplizierteren Fall aufgetragen. Sie sollen den größten Schwindler finden: Wer hat das vielversprechendste, natürlichste und ökologischste Etikett und gleichzeitig auf der Rückseite die meisten künstlichen Zusatzstoffe? Dabei sollen die Detektive darauf achten, welche Produkte mit ihren Bildern und Farben auf der Verpackung besonders naturnah oder »echt« wirken. Dann nimmt man die Ermittlungen auf und schaut in der Zutatenliste nach, was genau drin ist und ob das den Eindrücken von der Verpackung entspricht. Die Kinder müssen dazu die Inhaltsstoffe nicht kennen. Sobald die kleinen Detektive etwas lesen, was nach Fremdwort klingt, wissen sie bereits: Hier sind wir auf einer Fährte!

BLUMENAMPELN AUS VERPACKUNGSMÜLL BASTELN

Ohne großen Aufwand lassen sich aus Obst- und Tomatenkisten aus Verpackungen mehrstöckige Blumenampeln basteln. Dazu braucht man ca. 5 m Paketschnur und z. B. zwei Tomatenboxen. Meist sind diese im Boden so vorgestanzt, dass man die Löcher perfekt für den Bau nutzen kann. Man führt zwei gleich lange Schnüre so durch die beiden nah ge-

genüberliegenden Löcher, dass die Schnur innen liegt und außen fixiert und Halt gibt. So verfährt man dann auch mit der nächsten Kiste und so weiter, je nachdem, wie lange die Ampel werden soll. Dahinein kann man je eine hängende Erdbeerpflanze setzen. Welche kreativen Pflanzgefäße lassen sich noch aus Verpackungen basteln?

WAS KOMMT IN WELCHE TONNE?

Basteln Sie mit den Kindern eine Wandcollage, die später über den Müllbehältern hängen kann, damit jeder immer weiß, was in welche Tonne kommt. Hierzu sollten Sie Werbeprospekte von Supermärkten sammeln. Zunächst schneiden die Kinder ganz viele verschiedene Verpackungen (Produkte) aus. Nun widmen Sie jeder Tonne ein Plakat, am besten nehmen Sie Tonpapier in der Größe DIN A3. Die Kinder überlegen gemeinsam, welche Produkte in welche Tonne gehören und bekleben die Plakate entsprechend.

MÜLL ZU ERDE

Wenn Sie die Möglichkeit haben, legen Sie einen Komposthaufen an. Hygienisch unbedenklich ist ein Komposthaufen mit Gartenabfällen. Laub und Rasenschnitt können einfach auf einen Haufen gelegt, und es kann immer wieder nachgesehen werden, was daraus wird. Wer auch Küchenabfälle verwerten möchte, sollte einen Behälter verwenden, an den Ratten nicht herankommen. Dazu eignet sich ein Schnellkomposter aus dem Baumarkt oder für ambitionierte Bastlerinnen und Bastler eine selbst gebaute Rottetrommel. Besonders toll ist es, wenn im nächsten Jahr Kürbisse auf dem Kompost angebaut werden können!

Pfannkuchen

Original holländische Pfannkuchen, leicht gesüßt

Zutaten: Wasser, Weizenmehl, Zucker, pflanzliches Öl, Hühnervollei, Süßmolkenpulver, Roggenmehl, Salz, Backtriebmittel (Natriumhydrogencarbonat, Monocalciumphosphat), Säureregulator (Citronensäure), Konservierungsstof (Kaliumsorbat). Produkt kann Spuren von Schalenfrüchten und Erdnüssen enthalten. Unter Schutzatmosphäre verpackt.

Zubereitung: Servieren Sie die Pfannkuchen am besten warm.

1 Pfannkuchen ca. 30 Sek. Bei 600 Watt in der Mikrowelle erwärmen.

5 Pfannkuchen ca. 4-5 Min. Bei 180° C im vorgeheizten Backofen erwärmen.

1 Pfannkuchen von beiden Seiten bei mittlerer Temperatur in etwas Butter in der Pfanne braten

Im Kühlschrank lagern bei max. +7° C. Nach dem Öffnen innerhalb von 3 Tagen verbrauchen. Die Pfannkuchen können auch eingefroren werden.

Bei max. +7° C. mindestens haltbar bis: siehe Aufdruck Oberseite

300g ℮

Hergestellt in Holland Aldente GmbH, Niederbergheimer Str. 11b, D-59494 Soest

AUSPACKEN REAL

Schokolade auspacken ist ein Klassiker auf jedem Kindergeburtstag. Das können sie auch ohne extra Einpacken gut spielen, nämlich mit real ziemlich kompliziert verpackten Lebensmitteln. Sehen Sie sich um, Sie werden schnell fündig: zwei Stücke Kassler, die in Plastik vakuumiert sind und in einer Pappschachtel stecken, Süßwaren, die einzeln verpackt in einer Sammelverpackung und wiederum in einer Großpackung stecken. Es ist abenteuerlich und ebenso schwer, das Ganze mit Messer und Gabel, Handschuhen, Schal und Mütze auszupacken. Einer wirft den Würfel in die Runde, und los geht's. Wenn man eine 6 würfelt, darf man die Kleidung anlegen und mit Messer und Gabel loslegen, bis der Nächste eine 6 würfelt.

SPIELMÜLL

Ein neudeutsches Wort ist »Upcycling«. Gemeint ist die Aufwertung von Material, das eigentlich weggeworfen werden sollte, zu neuen Produkten. Der Bastelverein flicht aus alten Plastiktüten neue Tragetaschen, der Trendshop verkauft coole Taschen aus alten Feuerwehrschläuchen oder der Outdoor-Shop Bekleidungsteile aus recyceltem Kunststoff. All das ist hip und mit einem Wohlfühlimage behaftet. Auch Kinder verwenden gerne Umverpackungen als Spielzeug. Für Kindergärten ist Müll ein tolles Thema und nah dran an den Kindern. Müll kann jeder von zu Hause mitbringen, das ist nicht an den Geldbeutel gebunden. Beachtet werden sollte allerdings, dass Müll nicht »toll« wird und die Familien damit angeregt werden, Extramüll zu kaufen.

BOHNE

Lebensmittel des Tages

Bohnen und Hülsenfrüchte werden bereits seit der Steinzeit gegessen. Bis vor 100 Jahren ernährte sich hierzulande die Mehrzahl der Menschen von Getreide und Hülsenfrüchten.

Anbau

Familie der Schmetterlingsblütler.

Die Gartenbohne kommt in zwei Arten vor: Buschbohne (niedrige Pflanze, maschinelle Ernte) und Stangenbohne (rankend, benötigen Stützen, Ernte von Hand, aber ertragreicher).

Hülsenfrüchte reichern Luftstickstoff in Knöllchenbakterien an, die in den Wurzeln leben und damit die Bodenqualität verbessern.

Erntezeit: Mai bis Oktober.

Größte Stärke

Proteine! Bohnen und auch andere Hülsenfrüchte bestehen zu 20 % aus hochwertigem pflanzlichem Eiweiß. In der Kombination mit Getreide ergibt sich dadurch eine hohe Eiweißwertigkeit, die Fleisch ersetzen kann. Der hohe Kohlenhydrat- und Ballaststoffanteil geben uns Energie und machen satt.

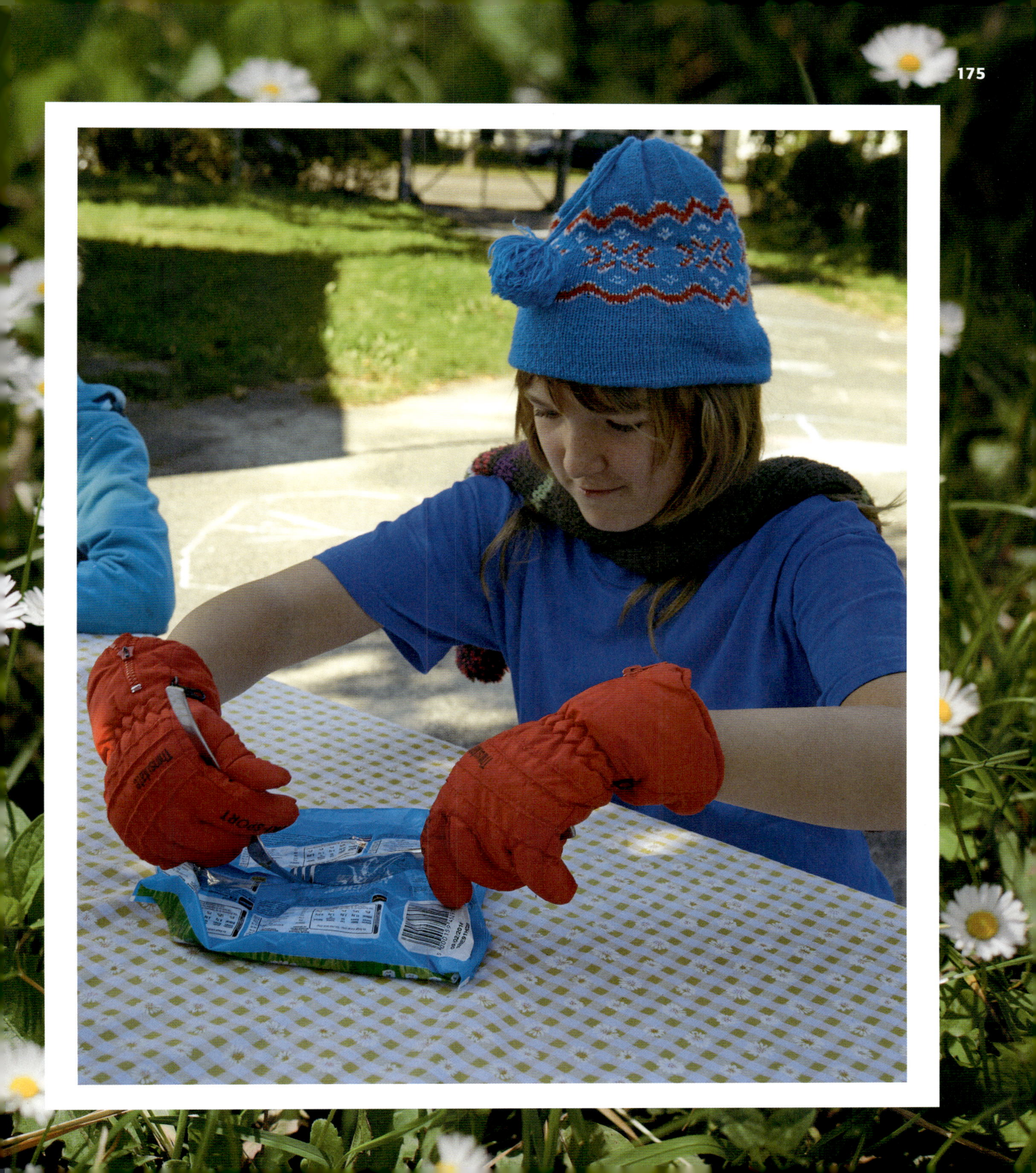

DARF NICHT FEHLEN — SÜSSES

Bei uns gibt es keine Essverbote. Warum Süßes aber trotzdem nichts für jeden Hunger ist, erfahren Sie auf den nächsten Seiten. Und damit Schokolade & Co. nicht bitter erkauft werden müssen, betrachten wir auch die sozialen Konsequenzen unserer Ernährung.

MINIKUCHEN

Rezept und Resteverwertung

Geeignet für: Kuchentafel, Dessert oder süße Leckerei
Schwierigkeitsgrad: mittelschwer

Frühling	Sommer	Herbst	Winter
2 Stangen Rhabarber	200 g Heidelbeeren	200 g Pflaumen	4 EL klein geschnittene Trockenfrüchte
2 EL Zucker	200 g Frischkäse	2 EL Kakaopulver	4 EL gehackte Nüsse
200 g weiße Kuvertüre	0,01 l Sanddornsaft	4 EL Schokostückchen	4 EL Schokostückchen
100 g gehackte Nüsse	100 g gehackte Nüsse	200 g weiße Kuvertüre	Marzipanmasse
		100 g dunkle Schokodrops	100 g dunkle Kuvertüre

Für alle Rezepte: 300 g Dinkelvollkornmehl , 4 gehäufte TL Backpulver, 125 g Zucker, 350 ml Milch, 3 Eier (L),
1 Vanilleschote, 150 g Butter

Und so geht's:

1. Backofen auf 200 °C vorheizen. Das Mehl zusammen mit dem Backpulver in eine Schüssel sieben. Den Zucker untermischen. Die Butter in einem Topf auslassen und abkühlen lassen.

2. In einer Schüssel Milch, Eier und die ausgekratzte Vanilleschote miteinander verquirlen. Nun die Eiermilch in eine Mulde in die Mehlschüssel gießen und beginnen, alles mit dem Mehl zu verrühren, dabei die flüssige Butter langsam hinzurühren.

3. Den Teig vorsichtig mit einem Löffel rühren. Nicht zu fest und auf keinen Fall mit der Küchenmaschine arbeiten, sonst werden die Kuchen nicht locker.

4. Ist der Teig vermengt, werden die saisonalen Zutaten und Früchte vorsichtig untergehoben. Rhabarber und Pflaumen putzen und klein schneiden, Heidelbeeren ganz lassen. Den Rhabarber mit 2 EL Zucker vermengen und kurz ziehen lassen.

5. Nun buttern Sie ein Muffinblech, Minikuchenformen, feuerfeste Tassen oder Soufflé-Förmchen und füllen den Teig hinein. Die Formen sollten zu zwei Dritteln gefüllt sein.

6. Je nach Förmchengröße backen die Kuchen bei 200 °C 20–25 Minuten.

7. Wenn die Kuchen völlig ausgekühlt sind, können sie kreativ verziert werden. Bereiten Sie dafür Schokoglasuren vor, um Nüssen, Krokant, Trockenfrüchten oder ähnlichen Verzierungen einen Halt zu geben. Im Sommer passt eine Frischkäsecreme, die auf den Kuchen gespritzt wird. Dazu Frischkäse mit einigen Spritzern Sanddornsaft und 1 TL Honig oder Fruchtdicksaft cremig rühren. Darauf lassen sich wunderbar Beeren drapieren, etwa frische Erdbeeren.

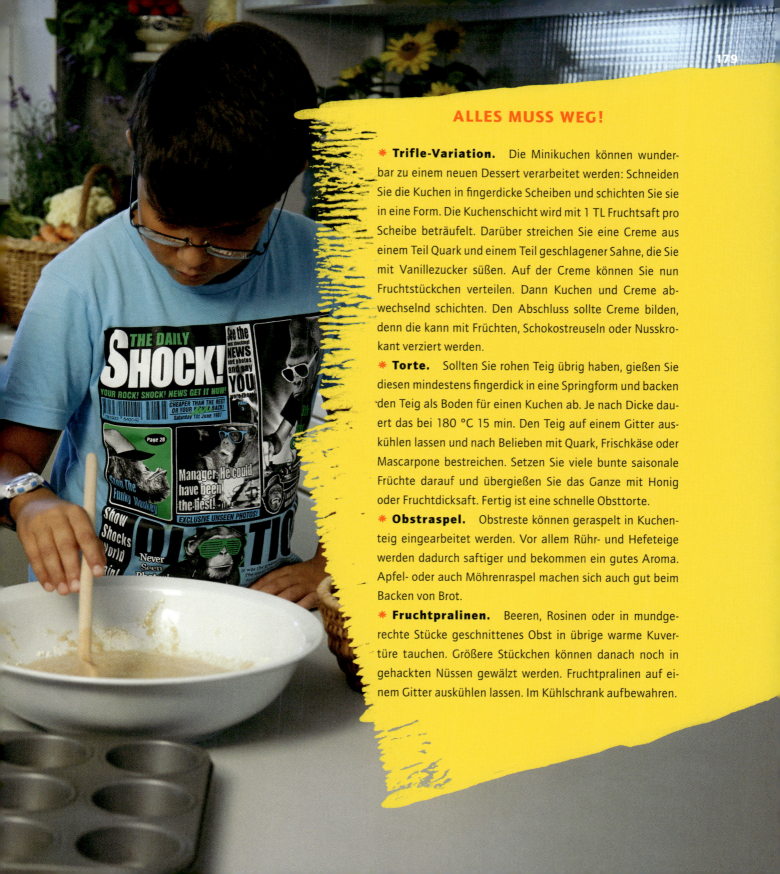

ALLES MUSS WEG!

* **Trifle-Variation.** Die Minikuchen können wunderbar zu einem neuen Dessert verarbeitet werden: Schneiden Sie die Kuchen in fingerdicke Scheiben und schichten Sie sie in eine Form. Die Kuchenschicht wird mit 1 TL Fruchtsaft pro Scheibe beträufelt. Darüber streichen Sie eine Creme aus einem Teil Quark und einem Teil geschlagener Sahne, die Sie mit Vanillezucker süßen. Auf der Creme können Sie nun Fruchtstückchen verteilen. Dann Kuchen und Creme abwechselnd schichten. Den Abschluss sollte Creme bilden, denn die kann mit Früchten, Schokostreuseln oder Nusskrokant verziert werden.

* **Torte.** Sollten Sie rohen Teig übrig haben, gießen Sie diesen mindestens fingerdick in eine Springform und backen den Teig als Boden für einen Kuchen ab. Je nach Dicke dauert das bei 180 °C 15 min. Den Teig auf einem Gitter auskühlen lassen und nach Belieben mit Quark, Frischkäse oder Mascarpone bestreichen. Setzen Sie viele bunte saisonale Früchte darauf und übergießen Sie das Ganze mit Honig oder Fruchtdicksaft. Fertig ist eine schnelle Obsttorte.

* **Obstraspel.** Obstreste können geraspelt in Kuchenteig eingearbeitet werden. Vor allem Rühr- und Hefeteige werden dadurch saftiger und bekommen ein gutes Aroma. Apfel- oder auch Möhrenraspel machen sich auch gut beim Backen von Brot.

* **Fruchtpralinen.** Beeren, Rosinen oder in mundgerechte Stücke geschnittenes Obst in übrige warme Kuvertüre tauchen. Größere Stückchen können danach noch in gehackten Nüssen gewälzt werden. Fruchtpralinen auf einem Gitter auskühlen lassen. Im Kühlschrank aufbewahren.

KOCHEN MIT SÜSSEN ALTERNATIVEN

Nachhaltige Küchenpraxis

Aus gesundheitlicher Sicht ist es gut, den Zuckerkonsum zu reduzieren und sich nach gesunden süßen Alternativen umzuschauen. Süßes ist nicht verboten, es darf aber auch keine Mahlzeiten ersetzen. Denn obwohl vollwertig, haben die Alternativen die gleichen Auswirkungen auf den Organismus wie Zucker. Langfristig gilt bei Zucker also immer: Süßes ist zum Genießen da, nicht für den Dauerkonsum. Reduzieren Sie die Zuckermengen!

Zuckerspartipps

* Keine zuckerhaltigen Getränke konsumieren
* Keine fertigen Müslimischungen und Cerealien kaufen
* Keine Schoko- und Müsliriegel als Pausenmahlzeit
* Keine Fertigmahlzeiten (auch Tiefkühlpizza und Tütensuppe enthalten Zucker!)
* Keine Fertigsoßen und fertigen Würzmittel benutzen (extrem hoher Zuckeranteil!)

Alternativen:

* Eistees und Getränke ohne Zucker herstellen
* Müsli selbst zusammenstellen und mit (Trocken-)Früchten und Honig süßen
* Frisches Obst ist die perfekte süße Zwischenmahlzeit
* Selbst kochen und backen: Kuchen, Plätzchen und Süßspeisen am besten selbst zubereiten, dann haben Sie den Zuckeranteil im Griff und können mit gesünderen Alternativen arbeiten
* Beim Backen können Sie den Zuckeranteil in Rezepten um bis zu 30 % reduzieren. Bedenken Sie, dass das auch weniger Teig ergibt. Sie können den Zucker auch durch gemahlene Nüsse oder Trockenfrüchte ersetzen.
* Kompotte und Marmeladen selbst einkochen und mit 3:1-Mischverhältnis viel Zucker sparen. Süße anheben durch die Kombination von sauren mit sehr süßen Früchten.

DÖRROBST SELBER MACHEN

Gedörrtes Obst ist nicht nur eine nachhaltige Methode, um regionales Obst für den Winter haltbar zu machen, es ist auch eine gesunde Alternative zu Gummibärchen und Co. Für Apfelringe empfehlen sich Sorten mit einem hohen Vitamin-C-Gehalt wie z. B. Cox-Orange, Boskoop, Goldparmäne oder diverse Renette-Sorten, denn das verringert die Bräunung beim Dörren. Die Äpfel werden gewaschen und dann mit einem Apfelstecher vom Gehäuse befreit. Die Äpfel müssen nicht geschält werden. Achten Sie darauf, dass die Schale keine faulen Stellen hat. Anschließend schneidet man den Apfel in fingerdicke Scheiben (ca. 1 cm). Nun können die Scheiben energieneutral an einem warmen, dunklen Ort auf einer Schnur trocknen, das dauert einige Tage. Schneller geht's im Backofen. Legen Sie die geschnittenen Ringe auf ein mit Backpapier ausgelegtes Backblech und stellen Sie den Backofen auf 60–80 °C. Damit die Feuchtigkeit gut entweichen kann, muss die Tür einen Spalt breit geöffnet sein. Alle 15 min die Ringe wenden. Nach ca. 60 min sind die Apfelringe fertig. Gedörrtes Obst hält sich ungefähr ein halbes Jahr und wird am besten in einer verschließbaren Dose aufbewahrt, damit es weich bleibt. Mit dieser Methode können Sie jedes Obst dörren, das die Kinder gerne mögen.

SÜSSE ALTERNATIVE ZU EIS: SORBETS

Im Sommer können Sie eine besonders erfrischende süße Alternative herstellen. Ein gut gemachtes Sorbet kann mit künstlichem Eis auf jeden Fall konkurrieren. Pürieren Sie Obst zusammen mit etwas Fruchtdicksaft zu einer feinen Masse. Diese frieren Sie ein. Nach 1–2 Stunden nehmen Sie das Sorbet aus dem Eisschrank und lassen es leicht antauen. Dann pürieren Sie es noch mal gut durch, dabei entsteht ein cremiges Fruchteis.

Mehr Tipps, um alternativ zu süßen, finden Sie auf Seite 202.

SÜSS IST EINFACH UNWIDERSTEHLICH

Hintergrund Ernährung

Wir sind genetisch so geprägt, dass wir dazu neigen, fettige und süße Nahrung ungebremst zu uns zu nehmen. In den frühen Zeiten der Evolution, wo es noch keine prall gefüllten Supermarktregale gab, konnte eine energiereiche Portion Nahrung über Leben und Tod entscheiden. Wenn wir den süßen Geschmack auf der Zunge zergehen lassen, fühlen wir uns getröstet und belohnt. Allerdings ist der klassische Haushaltszucker kein gesundes Produkt. Haushaltszucker wird in Europa meist aus Zuckerrüben hergestellt. Aus den Zuckerrüben wird Saft gewonnen, der durch Einkochen eingedickt wird. Durch Zentrifugieren werden die Zuckerkristalle vom Sirup getrennt und anschließend durch Raffinade gereinigt. Dabei entsteht ein Nahrungsmittel, das aus purer Energie besteht. Zucker ist ein stark verarbeitetes Lebensmittel; im Laufe des Verarbeitungsprozesses werden dem Ausgangsstoff Vitamine, Mineralstoffe und Ballaststoffe entzogen, sodass das Endprodukt, der Zucker, nur noch »leere« Kalorien enthält, die der Körper nicht benötigt. Zucker ist – im Gegensatz beispielsweise zu stärkehaltigen Lebensmitteln – keine günstige Energiequelle, da der Blutzuckerspiegel kurzfristig in die Höhe schnellt und dann stark wieder abfällt.

ZIVILISATIONSERKRANKUNGEN – SCHON KINDER SIND BETROFFEN

Kinder und Jugendliche sind von diesen Krankheiten durch ihr Konsumverhalten und mangelnde Ernährungskompetenz in besonderem Maße betroffen. 20–25 % der 14- bis 29-Jährigen ersetzen Hauptmahlzeiten durch kalorienreiche und häufig stark zuckerhaltige Snacks, die meistens im Supermarkt oder Imbiss gekauft werden und im Vorübergehen verzehrt werden. Wenn wir selbst nicht mehr kochen, sind wir auf die Angebote der Nahrungsmittelindustrie angewiesen. Deren Angebote beschränken sich weitestgehend auf fettige, salzige und süße Produkte. Durch die ständige Verfügbarkeit von Pausensnacks und Süßigkeiten haben besonders Kinder den Impuls, auftretenden Hunger mit Süßigkeiten zu dämpfen.

KINDERLEBENSMITTEL – EIN KAPITEL FÜR SICH

Schaut man sich beispielsweise Frühstückscerealien an, so suggeriert die Lebenmittelindustrie ihren Käufern (Hauptzielgruppe der Werbemaßnahmen sind Kinder!), dass es sich um gesunde Produkte handelt. In den Vordergrund der Produktwerbung werden Früchte und Vollkorn gestellt, die für die Kinder mit Comicfiguren und anderen bunten Bildern ansprechend garniert werden. Auf der anderen Seite werden die Eltern über den hohen Zuckergehalt der Produkte und darüber, dass es sich bei den meisten Frühstückscerealien um nichts anderes als Süßigkeiten handelt, hinweggetäuscht. Eine kleine Portion Pops oder Flakes von 30 g enthält durchschnittlich drei Würfelzucker. Und da kaum ein Kind sich mit einer kleinen Portion begnügt, hat es bei einer Portion von 60 g unbemerkt das Äquivalent von sechs Würfelzuckern zu sich genommen. Um hier für mehr Sensibilität und Aufmerksamkeit zu sorgen, prämiert die Verbraucherschutzorgani-

sation foodwatch seit einigen Jahren die dreisteste Werbelüge mit dem »Goldenen Windbeutel«. 2013 hat foodwatch die zur Wahl stehenden Produkte auf Kinderlebensmittel beschränkt. 120.000 Verbraucher haben sich an der Wahl beteiligt und einem Klassiker unter den Kinderprodukten, der Capri-Sonne, den »Goldenen Windbeutel« verliehen. Capri-Sonne enthält pro 200 ml umgerechnet sechseinhalb Würfelzucker. Gesüßte Erfrischungsgetränke gelten als Hauptverursacher für Übergewicht und Karies bei Kindern. Während es notwendig wäre, Wasser als Getränk für Kinder (und Erwachsene) zu propagieren, bedient sich die Getränkeindustrie aggressiver Marketingmethoden, um direkt mit der Käuferzielgruppe – den Kindern – zu kommunizieren.

Bei einem Marktcheck mit 1.500 Produkten wurde 2012 belegt, dass drei Viertel der direkt an Kinder vermarkteten Lebensmittel zur Kategorie der süßen und fettigen Snacks gehören. Das Angebot für Kinder folgt einer ökonomischen Logik: Während die Gewinnmargen bei Obst und Gemüse unter 5 % liegen, betragen sie bei Convenience-Produkten, Fast Food, Softdrinks und Süßwaren bis zu 18 %. Damit trägt die Lebensmittelindustrie eine Mitverantwortung für Übergewicht und Fehlernährung bei Kindern. 15 % der Kinder in Deutschland gelten als übergewichtig, 6 % sind sogar adipös (fettleibig). Sie tragen ein erhöhtes Risiko für Folgeerkrankungen wie Diabetes Typ 2, Gelenkprobleme, Bluthochdruck und Herzerkrankungen. Mehr zu gesundheitlichen Folgen zu hohen Zuckerkonsums finden Sie auf Seite 203. Im Vergleich zu den 80er- und 90er-Jahren ist der Anteil übergewichtiger Kinder um 50 % gestiegen. Diesem Trend kann durch die Vermittlung von Ernährungskompetenzen entgegengewirkt werden. Spezielle Kinderlebensmittel braucht niemand. Wir empfehlen: Kochen und Genießen frischer, unverarbeiteter Lebensmittel, die den Körper nähren und nicht unnötig belasten .

FAIRER HANDEL

Hintergrund Nachhaltigkeit

Schon gewusst? 2008 lebten über 2,5 Mrd. Menschen oder 45 Prozent der Weltbevölkerung in extremer Armut oder von weniger als 2 Dollar pro Tag.

DAS SÜSSE LEBEN

Woher kommt der Zucker, den wir essen? Der meiste Zucker stammt aus heimischen Zuckerrüben. Etwas wird importiert, es wird aber doppelt so viel Zucker aus- wie eingeführt. Der Zuckermarkt wird bis 2017 durch die europäische Zuckermarktordnung geregelt. Der schützt heimischen Zucker durch hohe Zölle vor billigem Zucker aus anderen Ländern. Dafür hat unser Industriezucker die Märkte anderswo kaputt gemacht. Die Welthandelsorganisation hat deswegen durchgesetzt, dass der europäische Markt eine Quote von 15 Prozent für Zucker aus ärmsten Ländern öffnen muss.

WERTSCHÖPFUNG HIER, RAUBBAU WOANDERS!

Sie können auf einer Kaffeepackung lesen, dass der Kaffee in Hamburg hergestellt wurde. Wie kann das sein, wo wir noch keine Kaffeepflanze auf der Reeperbahn gesehen haben? Manche Länder sind so etwas wie die Plantage oder der Steinbruch für andere Länder. Hier werden Natur und Arbeitskräfte ausgebeutet, um Rohstoffe zu gewinnen. In reicheren Ländern geschieht die Verarbeitung der Produkte, die Wertschöpfung genannt wird. Hier

wird Geld mit dem Produkt verdient. Dennoch wissen wir nicht, wo die Kaffeebohne angebaut wurde, sondern nur, wo die Rösterei stand und der Kaffee verpackt wurde. Im Jahr 2004 öffnete die erste Kaffeerösterei Afrikas in Uganda, obwohl sehr viel Kaffee in Afrika angebaut wird. Wenn ich gerne Schokolade esse oder Kakao oder Kaffee trinke und faire Arbeitsbedingungen für Produzierende möchte, kann ich auf die Siegel des fairen Handels achten. Neben den offiziellen Siegeln zu fairem Handel gibt es auch »Hausmarken« der Supermarktketten. Die sind leider nicht verlässlich. Es gibt allerdings Händler, wie die Gepa, die noch mehr machen, als Fair Trade fordert, und direkt mit den Bauern zusammenarbeiten.

SOZIALE GERECHTIGKEIT

Wir müssen davon ausgehen, dass alle mit demselben Lebensstandard leben möchten wie wir. Das ist nicht möglich, da wir in Deutschland allein schon durch unseren Konsum bereits die Ressourcen von »3,2 Erden« verbrauchen, also mehr Ressourcen, als wir selbst haben. Im Internet gibt es Rechner für den ökologischen Fußabdruck. Überprüfen Sie Ihren, und überlegen Sie, was Sie verändern könnten, ohne auf Ihr Lieblingseis oder Dinge, die Ihnen wirklich wichtig sind, zu verzichten! Oft geht es um die Änderung von Routinen und das fällt uns schwer. Aber nur Mut! Kinder haben Spaß, Erwachsenen beim Einhalten neuer Regeln zu helfen, um diese zu verinnerlichen.

IMPORTIER DICH DICK!

Wir führen unverarbeitete Lebensmittel ein und exportieren Reste oder Fertigprodukte. Beispiele für Importe sind Kakao oder Futtermittel für unsere Tiere. Beispiele für Exporte sind Hühnerabfälle nach Afrika und China oder Zucker in alle Teile der Welt. Deutschland hat 2010 Lebensmittel für 4.521 Mio. Euro in sogenannte Entwicklungsländer exportiert und gleichzeitig für 14.745 Mio. Euro importiert (ca. 3,3-mal so viel). Wir essen hier mehr, als wir produzieren können. In anderen Ländern produzieren Menschen mehr, als sie essen. Jeder Deutsche nimmt durchschnittlich 3.620 Kilokalorien am Tag zu sich. In Afghanistan sind es 1.760 Kilokalorien pro Kopf und Tag. Für durchschnittliche Erwachsene sind 2.100 Kilokalorien pro Tag gesund.

Die Zahlen machen deutlich, dass wir auf Kosten von anderen ungesund leben und uns persönlich schaden, ist das sinnvoll?

DAS SÜSSE LEBEN UND DER SINN DES LEBENS

Wir sind es gewohnt, alle Produkte immer verfügbar zu haben. Wir leben in einer Welt des Überflusses. Das steigert den individuellen Konsum und weckt Bedürfnisse. Aber macht uns das glücklich? Sprechen Sie darüber, was Sie glücklich macht. Ist es Schokolade? Gemeinsam mit Ihren Freundinnen Rad zu fahren? Oder einfach in der Sonne zu liegen? Wie lange sind Sie glücklich, wenn Sie sich etwas Neues gekauft haben? Das Königreich Bhutan hat das Bruttonationalglück erfunden. Es ist der Versuch, den Lebensstandard in breit gestreuter, humaner und psychologischer Weise zu definieren. Auch viele Neurowissenschaftler und Psychologen befassen sich mit diesem spannenden Thema. Ein wichtiger Punkt ist, dass Menschen Beziehungen zu andere Menschen brauchen, um glücklich werden zu können.

GERECHTIGKEIT UND BIO

Da unsere Ernährung durch industrielle Landwirtschaft gesichert wurde, wäre es doch töricht, das durch aufwendigen und ertragsarmen Biolandbau zu gefährden – ODER? Die Erträge in der Biolandwirtschaft sind hierzulande ca. 20 % niedriger als in der konventionellen Landwirtschaft. In Kapitel 3 wurde beschrieben, dass wir die Erträge zwischen 1950 und 2005 auf 8 Tonnen Weizen pro Hektar steigern konnten. Ziehen wir davon 20 % für den Bioanbau ab, kommen wir immer noch auf 6,4 Tonnen pro Hektar, was mehr als doppelt so viel ist wie 1950. Aber können wir so alle Menschen ernähren? Schließlich gab es 1950 nur 2,5 und nicht mehr als 7 Milliarden. Was meinen Sie? Überlegen Sie zusammen mit Kindern Gründe für und gegen ökologischen Landbau. Ein paar Fakten: Die meisten Menschen, die hungern, leben auf dem Land. Immer mehr landwirtschaftliche Fläche, vor allem in Afrika, wurde zur Halbwüste wegen der Ausbeutung ihrer Landfläche. Ökologische und nachhaltige Landwirtschaft konnte dort Erträge steigern.

NACHGEMACHT!
Tipps und Anregungen

 ————————————————

— Untersuchen Sie, woher die Lebensmittel kommen. Wer findet die meisten Länder? Finden Sie Produkte, auf denen steht, dass sie aus Deutschland kommen, obwohl ihre Bestandteile hier nicht wachsen?

— Kaufen Sie lokale Produkte und unterstützen Sie kleine Hersteller, Erzeuger und Händler.

— Achten Sie auf Siegel des fairen Handels!

— Essen Sie süße Dinge aus Ihrer Region, wie Honig oder Honigprodukte.

SPIELWIESE

Spiele und Experimente

SÜSS-SAUER-TRICK

Wenn Sie zeigen wollen, wie die Lebenmittelindustrie einen hohen Zuckergehalt geschmacklich abpuffert (und gleichzeitig konserviert), können Sie einer handelsüblichen Joghurtzubereitung mit 15 % Zucker eine gute Messerspitze Zitronensäure (gibt es in der Apotheke und Drogerie) hinzufügen und die Kinder testen lassen. Den Süß-Sauer-Trick können Sie auch mit einer Zuckerlösung herstellen. Geben Sie in ein Glas 7 Würfel Zucker und lösen Sie diese in Wasser auf. Füllen Sie in das andere Glas Orangenlimonade. Geben Sie einer Testperson die Limonade zu trinken. Danach soll das Kind das Zuckerwasser probieren. Alle Testpersonen reagieren angewidert auf den extrem süßen Geschmack der Lösung. Es fällt schwer, zu glauben, dass in der Orangenlimonade exakt so viel Zucker enthalten ist wie in dem Glas mit der Zuckerlösung. Nun zeigen Sie den anwesenden Kindern, was die Lebensmittelindustrie macht, um über einen hohen Zuckergehalt hinwegzutäuschen und das Getränk geschmacklich abzurunden. Fügen Sie der Zuckerlösung etwa 1/3 TL Zitronensäure hinzu und rühren Sie gut um. Jetzt wird der Geschmack meist als sehr angenehm empfunden. Diesen Trick wendet die Industrie bei vielen Lebensmitteln an, neben Getränken und Joghurts beispielsweise auch bei Marmeladen.

DAS IST UNGERECHT!

Kinder möchten gerne die Puppe oder den Roller des anderen Kindes haben und nicht den eigenen benutzen. Das Neue ist für uns interessant und nicht das, was wir bereits haben. Hier gibt es vielfältige Möglichkeiten, gemeinsam mit Kindern über Gerechtigkeit und Fairness oder Verteilung nachzudenken. Einen Kuchen unter einer Kindergruppe aufzuteilen wird dann ein echtes Erlebnis, an das sich alle gerne erinnern, wenn Sie aktiv mitgedacht haben.

ES SUMMT BEI UNS – BIENEN ZU HAUSE

Immer mehr Schulen betreiben Bienenstöcke und auch viele Städter halten sich die summenden Süßlieferanten auf Balkonen und Dächern. Bienen zu halten ist allerdings nicht so einfach. Zunächst einmal darf jeder Bienen halten. Sie müssen keine Prüfung ablegen, keine Ausbildung absolvieren und keine Genehmigung einholen. Vielleicht schauen Sie einem erfahrenen Imker über die Schulter und assistieren ihm, um zu klären, ob Sie sich das wirklich vorstellen können. Wer Bienen halten will, kann Kurse belegen. In einem Bienenvolk leben bis zu 60.000 Arbeiterinnen. Bienen bleiben nicht auf dem heimischen Grundstück. Sie fliegen viele Kilometer weit und geraten in Kontakt mit Nachbar-Bienenvölkern. Auf diesem Wege können auch Krankheiten übertragen werden. Bienenhaltung kann nur dort gelingen, wo es ein ausreichendes Angebot an blühenden Pflanzen über die gesamte Bienensaison gibt. Das ist in Gegenden mit intensiver Landwirtschaft kaum noch der Fall. Erprobt und empfohlen ist die Haltung von Bienen für den urbanen Siedlungsbereich, in dem es eine größere Vielfalt an blühenden Pflanzen gibt als in einseitig bewirtschafteten landwirtschaftlichen Räumen. Es ist sinnvoll, einem Imkerverein beizutreten, dort erhalten Sie Unterstützung. Bevor Sie Bienen anschaffen, klären Sie, ob bei den Kindern Bienenstichallergien bekannt sind, und entwickeln Sie einen Notfallplan.

SÜSSE ALTERNATIVEN

Nicht nur Beeren sind deutsche Süßigkeiten, auch viele Blüten sind süß. Sie können aber auch Kleeblüten oder die von Taubnesseln nutzen, um Kindern zu zeigen, woher die Bienen den süßen Honig sammeln.

Was ist denn noch süß? Verkosten Sie mit den Kindern Obstdicksäfte, Rübensirup, verschiedene Honigsorten und Zuckerarten. Animieren Sie die Kinder, über die Aromen zu sprechen, die sie in den Süßungsmitteln entdecken. Lassen Sie die Kinder das mit weißem Haushaltszucker vergleichen. Sie können auch eine reine Honigverkostung machen und die Kinder raten lassen, welche Blüten und Pflanzen die Grundlage des Honigs sind. Die Verkostung machen Sie am besten mit Brotwürfeln.

SIRUP HERSTELLEN

Wenn es doch mal ein Schuss Süße im Wasser oder dem Joghurt sein soll, dann am besten mit selbst gemachtem Sirup. Die Kinder haben Spaß am Sammeln der Zutaten in der Natur. Verwenden können Sie dazu Kräuter wie Lavendel, Waldmeister oder Zitronenmelisse oder Blüten wie Holunder-, Rosen- oder Kastanienblüten. Dafür geben Sie etwa 500 g Blüten- oder Kräuterblätter (ohne Stängel) in einen Topf und kochen das Ganze in ½ l Wasser auf. Den Topf von der Platte nehmen und zugedeckt über Nacht ziehen lassen. Am nächsten Tag werden 300 g Vollrohrzucker hinzugefügt und das Ganze noch mal erhitzt. 10 Minuten bei kleiner Flamme köcheln lassen. Nun durch ein feines Sieb gießen, in kleine Flaschen füllen und verschließen. Der Sirup ist ca. ½ Jahr haltbar.

PFLAUME

Lebensmittel des Tages

Bei dieser Obstart gibt es eine große Formenvielfalt: weltweit etwa 2.000 Sorten, unter anderem **Pflaumen** (rund, mit Naht), **Zwetschgen** (oval, blau, mit spitzen Enden), **Mirabellen** (kirschgroß, rund, hellgelb bis orange) und **Renekloden** (kugelig, groß, grüngelb).

Anbau

In Deutschland und Osteuropa werden v. a. Zwetschgen angebaut, in Süd- und Südwesteuropa die anderen Sorten.

Pflaumen lieben tiefgründigen Boden mit ausreichender Wasserhaltekraft.

Keine Wind- und Spätfrostlagen, keine rauen Höhenlagen.

Großer Wärmebedarf für die Ausprägung eines sortentypischen und würzigen Geschmacks.

Erntezeit: Ende Juli bis Anfang Oktober.

Größte Stärke

Reichlich Eisen, Kalium, Kupfer, Calcium, Carotinoide, B-Vitamine. Aber vor allem Ballaststoffe, die in getrockneten Früchten vielfach konzentriert sind und die Verdauung vorantreiben sowie Giftstoffe aus dem Darm eliminieren.

ANHANG

Hier finden Sie viele interessante Zusatz-
informationen rund um die nachhaltige Küche.

HEIMISCHE KÜCHENKRÄUTER

Name	Geschmack	Erntezeit	Verwendung	Verarbeitung
Bergminze	Minzig-süßlich-frisch	April bis Oktober	Frische Blätter, getrocknete Blätter	Getränke, Süßspeisen, Fruchtspeisen, Soßen, Dips
Bärlauch	Knoblauchähnlich, würzig-süß-scharf	Je nach Wetterlage Februar bis Mai	Nur frisch	Dips, Suppen, Gemüse, Salat
Dill	Frisch-würzig-leicht, leichter Anisgeschmack	Dill kann ganzjährig bis zum Frost geerntet werden.	Frische Blätter, getrocknete Blätter, Samen	Salate, Dips, Fisch, Gemüse
Holunderblüten	Frisch-süßlich-würzig	Juli	Frische und getrocknete Blüten	Süßspeisen, Kuchen, Zuckermischung
Schnittsellerie	Bouillon-Geschmack, würzig-aromatisch-kräftig	Juni bis Oktober	Frisch, getrocknet	Ragouts, Braten, Soßen, Salatsoßen
Kümmel	Leicht bitter-leicht brennend-würzig	Sommer	Getrocknete Samen	Braten, Kohlgerichte, Kartoffelgerichte
Liebstöckel	»Maggikraut«, würzig-bitter-aromatisch	Mai bis November	Blätter frisch und getrocknet. Wurzeln können mitgekocht werden.	Eintöpfe, Suppen, Gemüse, Fleisch
Märzveilchen	Duftig-bitter-süßlich	März bis April	Frische oder kandierte Blüten	Süßspeisen, Fruchtspeisen, Gebäck
Meerrettich	Scharf-brennend-würzig		Frische und zu Pasten verarbeitete geriebene Wurzel	Allrounder für Grundwürze. Soßen, Dips, Eingelegtes.
Wacholder	Süßlich-bitter-würzig	August bis Oktober	Getrocknete Beeren	Eintöpfe, Braten, Wild
Sauerampfer	Herb-würzig-säuerlich	März bis August	Frisch	Dips, Salate, Kräutersoßen
Pimpinelle	Nach Nüssen und frischen Gurken, würzig-süßlich-frisch	März bis Oktober	Frisch, getrocknet	Universalkraut, ähnlich Petersilie. Kartoffeln, Fleisch, Gemüse
Bohnenkraut	Nach Kräutern der Provence, pfeffrig-würzig-kräftig		Frisch, getrocknet	Gemüse, Nudelgerichte, herzhaftes Gebäck, Fleisch
Thymian	Mediterranes Kraut mit Heimat auf unseren Wiesen		Frisch, getrocknet	Fleisch, Gemüse

SAISONKALENDER FÜR OBST

Obst	Saison	Lagerung	Konservierungsmethode
Äpfel	August bis November	Nicht zusammen mit anderem Obst / Gemüse lagern. Verschlossen in einer Papptüte, 12–15 Grad.	Einlagern. In Zeitungspapier gehüllt im kühlen Lagerraum, je nach Sorte bis zu 7 Monate
Aprikosen, Nektarinen, Pfirsiche	Juli bis August	In einer flachen Schale im Kühlschrank, 1 Std. vor dem Verzehr rausholen.	Trocknen / Dörren, Marmelade
Birnen	August bis November	Kühl aufbewahren	Trocknen / Dörren, Birnenscheiben in Birnensaft im Glas in Wasserbad einkochen.
Himbeeren, Brombeeren	Juli bis September	In einer breiten Tupperdose, ohne Druckkontakt an der kältesten Stelle im Kühlschrank	Einfrieren
Erdbeeren	Mai bis August	In einer breiten Tupperdose, ohne Druckkontakt an der kältesten Stelle im Kühlschrank	Einfrieren, Marmelade
Heidelbeeren	Juni bis September	Im Kühlschrank.	Trocknen / Dörren, Einfrieren
Kirschen	Süß: Juni bis September Sauer: Juli bis August	Offen im Kühlschrank, ideal wären eher sogar 0–2 Grad.	Süß: Trocknen, Einfrieren Sauer: Marmelade, Kuchen
Melonen		Melonen nicht im Kühlschrank lagern. Dort verlieren sie extrem an Aroma und Vitaminen. Melone bei Zimmertemperatur	
Pflaumen / Zwetschgen	Juli bis September	Zum Nachreifen bei Zimmertemperatur. Danach in ein feuchtes Tuch gewickelt im Kühlschrank.	Trocknen / Dörren, Mus
Rhabarber	April bis Juni	In ein feuchtes Tuch gehüllt im Kühlschrank.	Einkochen im Wasserbad, Marmelade. Kuchen

GETREIDESORTEN

Getreidesorte	Eigenschaften
Weizen	Der Weizen ist sowohl weltweit als auch in Deutschland das wichtigste (Brot-)Getreide. Nach Mais und Reis ist er das am häufigsten angebaute Getreide der Welt. Er ist eine reine Kulturpflanze, entstanden aus mehrfachen Kreuzungen zwischen verschiedenen Wildformen.
	Weizen erkennt man im Sommer an den aufrecht stehenden Ähren, die zumeist keine Grannen haben. Weizenkörner sind gelb.
	Es gibt Winterweizen und Sommerweizen. Mehl aus Weizen ist hell und wird vorwiegend als Brotgetreide und zur Nudel- und Feingebäckherstellung verwendet.
Dinkel, Emmer und Einkorn	Diese Getreidesorten gehören ebenfalls zur Gattung des Weizens und gelten als seine Vorfahren; derzeit erleben sie u. a. als Brotgetreide eine Renaissance. Sie sind aromatischer als Weizen und enthalten besonders viel Eiweiß und Mineralstoffe.
	Variieren Sie den Weizen mit diesen Sorten. Sie sind ebenso vielseitig und zeigen in der Verarbeitung wenig Unterschiede.
	In unseren Rezepten bevorzugen wir Dinkel.
Gerste	Gerste ist deutlich an ihren »nickenden« Ähren zu erkennen; die Grannen hängen wie lange Haare herunter.
	Wintergerste, im Herbst gesät, dient als Tierfutter und soll einen möglichst hohen Eiweißgehalt aufweisen.
	Sommergerste dient traditionell als Braugerste, die aus Gründen der Mälzerei möglichst wenig Eiweiß besitzen soll.
	Gerste eignet sich im ganzen Korn ideal als Ersatz für Risottos und Reisgerichte. Die Graupen der Gerste sind ein Klassiker in Eintöpfen.
Roggen	Roggen hat leicht abwärts geneigte Ähren mit kurzen Grannen. Man erkennt Roggenfelder an ihrer dunkleren, blaugrünen Färbung. Roggenkörner sind grau und das Mehl daraus ist dunkel.
	Roggen ist reich an Kohlenhydraten und Aminosäuren, Calcium, Eisen und Vitamin B.
	Roggen hat keinen Klebergehalt (wohl aber Gluten!), daher verläuft die Gärung für die Brotherstellung über den Sauerteig.
	Roggen gibt dem Brot eine dunkle Farbe und hält es lange frisch.
Hafer	Hafer liefert mehr Eiweiß, Calcium, Vitamin B_1 und B_6 als andere Arten. Er enthält reichlich ungesättigte Fettsäuren, dazu viele Mineralstoffe und Spurenelemente wie Eisen, Zink oder Mangan.
	Hafer wird bei uns vor allem als Futtergetreide angebaut. Als Nahrungsmittel wird es vorwiegend für die Haferflockenproduktion verwendet.
	Hafer ist aufgrund seiner leichten Verdaulichkeit ein ideales Nahrungsmittel für Kinder.
	Haferschrot ist ideal zum Herstellen eines schnellen Getreidebreis (»Porridge«).

SAISON- UND VERWERTUNGS-KALENDER FÜR GEMÜSE

Gemüse	Ernte (Freiland)	Lagerung	Konservierung
Blumenkohl	Juni bis Oktober	Dunkel, in feuchtem Zeitungspapier, Keller, mit Grün, bis zu 7 Tage	In Essig einlegen, einfrieren
Bohnen	August bis Oktober	Frische Bohnen: gewaschen in einem feuchten Tuch im Kühlschrank, bis zu 1 Woche	Schnittbohnen einfrieren, dicke Bohnenkerne trocknen
Brokkoli	Juni bis Oktober	In einem feuchten Tuch im Kühlschrank, wenige Tage	In Röschen teilen und einfrieren
Butterrüben	August bis Dezember	Im Kühlschrank in einem leicht feuchten Tuch	Im Wurzelkeller
Chicorée	Oktober bis Mai	In Zeitungspapier eingeschlagen im Kühlschrank, bis zu 10 Tage	Frischkost
Chinakohl	Juni bis November	In einem feuchten Tuch im Kühlschrank, bis zu 10 Tage	Milchsauer einlegen
Erbsen	Juni bis August	Erbsen in den Hülsen belassen und in einem feuchten Tuch im Kühlschrank aufbewahren, ein paar Tage	Einfrieren
Feldsalat	September bis April	Waschen, grob trockenschütteln und lose in einer großen Glasschlüssel mit luftdichtem Verschluss	Frischkost
Fenchel	Juni bis November	Im feuchten Tuch im Gemüsefach des Kühlschranks	
Grünkohl	November bis März	Wenige Tage in feuchtem Zeitungspapier	Blanchieren und einfrieren
Gurken	Juni bis September	Im kühlen Keller, Raum, nicht im Kühlschrank!	Sauer einlegen
Kartoffeln	Juni bis Oktober	Im kühlen Keller, Kartoffelkiste (dunkel). Nie unter 4 Grad	Einlagern
Kohl (Rot / Weiß)	Juni bis November	Im kühlen Keller. Äußere Blätter nicht entfernen	Milchsauer vergären (Sauerkraut)
Kohlrabi	Mai bis Oktober	Laub entfernen und verarbeiten, im Gemüsefach des Kühlschranks, in feuchtem Zeitungspapier	Blanchiert einfrieren
Kürbis	Juli bis November	Im kühlen Keller	Einlagern, mehrere Wochen, drehen

Gemüse	Ernte (Freiland)	Lagerung	Konservierung
Mangold	Mai bis Oktober	Im feuchten Tuch im Kühlschrank, schnell verzehren	Blanchieren und einfrieren
Lauch	April bis Dezember	In Papier eingeschlagen im Gemüsefach des Kühlschranks	Einlagern, wenn die ganze Pflanze ausgegraben wurde, in einer Sandkiste im Keller
Möhren	Juni bis Oktober	Grün entfernen und in einem feuchten Tuch im Kühlschrank lagern, nicht mit nachreifenden Früchten	Einlagern im feuchten Sand im kühlen Keller
Radieschen	Mai bis Oktober	Laub entfernen und verarbeiten, im Gemüsefach des Kühlschranks, in feuchtem Zeitungspapier	Frischkost
Rettich	Juli bis Oktober	Laub entfernen und verarbeiten, im Gemüsefach des Kühlschranks, in feuchtem Zeitungspapier	Frischkost
Rosenkohl	Oktober bis März	In Papier eingeschlagen im Kühlschrank	Säubern und einfrieren
Rote Bete	Juli bis Oktober	Laub entfernen und in Papier eingeschlagen im Kühlschrank	Einlagern in einer Kiste mit feuchtem Sand im Keller
Sellerie	Juli bis November	Laub entfernen, in feuchtem Zeitungspapier	Einlagern in einer Kiste mit feuchtem Sand im Keller
Spargel	April bis Juni	In einem feuchten Tuch im Kühlschrank, Grünspargel aufrecht in etwas Wasser stellen	Schälen, blanchieren und einfrieren
Spinat	März bis Oktober	Im feuchten Tuch im Kühlschrank, 1–2 Tage	Blanchieren und einfrieren
Steckrüben	September bis Dezember	Laub entfernen, in feuchtem Zeitungspapier	Einlagern in einer Kiste mit feuchtem Sand im Keller
Tomaten	Mai bis Oktober Treibhaus, Juli bis September Freiland	Bei Zimmertemperatur, zum Nachreifen Grün dranlassen	In Stücken oder püriert einfrieren. Einkochen. Trocknen
Wirsing	Juli bis Februar	Im kühlen Keller. Äußere Blätter nicht entfernen	.
Zucchini	Juni bis September	Locker in Papier einschlagen im Kühlschrank	Blanchieren und einfrieren
Zwiebel	Juli bis Oktober	Trocken, luftig	Einlagern auf dem Dachboden zu Zöpfen gebunden

FLEISCHTEILE VOM RIND

1	Rinderhals, Kamm oder Nacken	Braten (Sauerbraten), Gulasch, Koch- und Suppenfleisch
2	Spannrippe oder Querrippe	Suppen, Eintöpfe
3	Brust	Kochen
4	Fehlrippe	Schmorbraten, Hackfleisch, Fondue
5 + 6	Rücken (Vorder- und Zwischenrippe)	Steaks, Rostbraten
7	Filet	Braten, Filetsteaks, Fonduefleisch
8	Spannrippe	Suppen, Pökeln
9	Dünnung	Suppen, Fond, Wurstherstellung
10	Bug, Schulter oder Schaufel	Schmorgerichte, Ragouts, Schmorbraten
11	Keule (Oberschale, Unterschale und Nuss)	Rouladen, Schmorbraten, Braten, Gulasch oder Beefsteakhack
12	Flanke	Steaks, Rinderbrühe und -fonds
13	Hüfte oder Blume	Kochen (Tafelspitz), Rouladen
14	Hesse oder Wade	Klärfleisch, Gulasch
	Kopf	Eintopfgerichte, Suppen
	Schwanz	Suppen, Soßen

KLEINE KÄSEKUNDE

Gruppe	Deutsche Käse-spezialitäten	Lagerung	Wissen	Resteverwertung
Hartkäse	Mind. 3 Monate gereift Beispiele: Allgäuer Bergkäse, Allgäuer Emmentaler, Tiefländer	Wenig Wasser / viel Fett: sehr lange haltbar In Pergament und einem feuchten Leinentuch eingeschlagen im Gemüsefach des Kühlschranks. Schimmel an Hartkäse kann großzügig weggeschnitten werden, der Käse kann verzehrt werden!	Hartkäse wird auch als Reib- oder Dessertkäse bezeichnet. Hartkäse muss mind. 2 Monate gereift sein. Es gibt Sorten, die jahrelang reifen können. Kaufen Sie nur Käse deren Rinde durch das Abbürsten mit Salzlake behandelt wurde. Meiden Sie foliengereiften Käse, der anschließend mit Wachs oder Paraffin ummantelt wird.	Rinden und hart gewordene Stücke können in Sahne zu einer Käsesoße geschmolzen werden. Oder natürlich über Nudelgerichte gerieben werden.
Schnittkäse	Tilsiter, Butterkäse, Räucherkäse	In Pergament und einem feuchten Leinentuch eingeschlagen im Gemüsefach des Kühlschranks.	Ideal als Brotbelag. Schnittkäse reift wenige Wochen bis mehrere Monate. Bevorzugen Sie beim Kauf Käse mit Naturrinde.	Aus Rohkost und Schnittkäsewürfeln lassen sich in Kombination mit Obst kreative Käsesalate zaubern: z. B. mit Staudensellerie, Möhre und Apfel. Dazu passt eine einfache Vinaigrette.
Weichkäse	Limburger, Münsterkäse, Weinkäse, Altenburger Ziegenkäse	Zum Nachreifen bei Zimmertemperatur unter der Käseglocke. In einer luftdurchlässigen Box im Kühlschrank.	Delikatesse in der kalten und warmen Küche. Reifung zwischen 2 und 8 Wochen. Die meisten Weichschimmelkäse haben eine Weißschimmelrinde durch Edelpilze.	Bayerischer Obazter: Überreifen, zerlaufenden Weichkäse mit Kräutern, Paprikapulver und Butter zerdrücken
Schimmelkäse	Bad Aiblinger, Bavaria Blu, Bierkäse, Mainzer Käse	In einer luftdurchlässigen Box im Kühlschrank.	Blauschimmelkäse entsteht durch Edelpilzkulturen und reift 3–6 Monate. Rotkulturkäse wird an der Oberfläche mit Bakterienkulturen behandelt.	Schimmelkäsereste in Sahne aufkochen und als würzige Soße zu Gemüse oder Nudeln reichen.

Gruppe	Deutsche Käse-spezialitäten	Lagerung	Wissen	Resteverwertung
Frischkäse	Körniger Frischkäse, cremiger Frischkäse	Verschlossen im Kühlschrank bei 4 °C, geöffnete Verpackung ca. 7 Tage.	Der einzige Käse, der nicht reift und direkt nach der Herstellung verzehrt wird. Brotaufstrich, idealer Butterersatz für Kinder, die abnehmen müssen. Auch für süße Cremespeisen und Tortencremes geeignet.	Minireste von Frischkäse kann man zum Verfeinern von Suppen und Soßen verwenden.
Sauermilchkäse	Harzer Käse, Korbkäse, Frankfurter Handkäse.	Im Kühlschrank in einer luftdurchlässigen Box relativ lange haltbar. Zum Nachreifen unter die Käseglocke.	Schlanke Käsevariante.	Käse in feine Scheiben schneiden und mit gehackten Zwiebeln und Honig-Vinaigrette übergießen.

ALTERNATIVE SÜSSUNGSMITTEL

Honig	Honig ist die nachhaltigste Süße, die wir nutzen können und gleichzeitig das älteste Süßungsmittel überhaupt. Kaufen Sie regionalen, ökologisch hergestellten Honig. Die Herstellung verbraucht kaum Energie und die Nährstoffbilanz ist fantastisch! Testen Sie sich durch die unterschiedlichen Sorten, für jede Speise findet sich bestimmt das geeignete Honigaroma. Akazienhonig schmeckt am leichtesten, neutralsten, so wie viele Blütenhonigsorten. Dunkler und kräftiger schmecken Waldhonige wie Fichtenhonig.
Obstdicksäfte	Obstdicksäfte werden aus dem Saft von Früchten wie Äpfeln oder Birnen hergestellt. Durch ein schonendes Einkochverfahren werden meist Aromastoffe und Nährstoffe erhalten. Obstdicksäfte eignen sich hervorragend für das Würzen von Speisen (bspw. Salatsoßen, Müslis, Quarkspeisen), da sie den Saft gut dosieren können. Auch zum Backen eignen sich Fruchtdicksäfte.
Trockenfrüchte	Vor allem beim Kochen und Backen können Sie die konzentrierte Süße von Trockenfrüchten nutzen. Kochen Sie in Soßen trockene Früchte mit, in die Sie normalerweise Zucker geben würden (bspw. getrocknete Pflaumen in einer Tomatensoße), arbeiten Sie in Rührkuchen Trockenfrüchte mit ein und reduzieren Sie die Zuckermenge entsprechend.
Rübensirup	Als Nebenprodukt bei der Zuckerproduktion entsteht der Rübensirup, eine fast schwarze, sehr würzige, süße Masse. Dieser eignet sich zum Würzen kräftiger Speisen und auch als Brotaufstrich.
Vollrohrzucker, Ursüße	Dieser Zucker sieht fast aus wie Sand. Er wird aus Zuckerrohr hergestellt. Dabei wird Zuckerrohrsaft eingedickt und später wird die erstarrte Masse zermahlen. Dieser Zucker enthält wertvolle Mineralien wie Eisen, Magnesium oder Calcium. Durch seine Herkunft ist dieser Zucker nicht ganz so nachhaltig, aus vollwertiger Sicht aber zu empfehlen.

GESUNDHEITLICHE FOLGEN VON HOHEM ZUCKERKONSUM

Übergewicht	Die WHO empfiehlt, nicht mehr als 10 % der Kalorien aus zugesetztem Zucker aufzunehmen. Je nach Körpergewicht sind das 20 bis 40 g Zucker pro Tag (dies entspricht beispielsweise einem halben Liter Cola oder einem Schokoriegel). Tatsächlich verzehren die Deutschen durchschnittlich 90 g Zucker am Tag.
Zuckersucht	Einfachzucker lässt den Blutzuckerspiegel in kurzer Zeit schnell ansteigen. Insulin baut den Zucker schnell ab. Die Folge ist, dass das Blut zu wenig Zucker enthält und sofort wieder Hunger entsteht. Haushaltszucker führt dem Körper sehr schnell Energie zu – allerdings ohne nachhaltigen Effekt. Fällt der Blutzuckerspiegel ab, fühlen wir uns müde und schlapp und verlangen nach erneuter Zuckerzufuhr.
Herz-Kreislauf-Erkrankungen	Hauptursache sind Übergewicht und Diabetes. Diabetes führt dazu, dass die Glucose nicht vom Blut in die Körperzellen gelangen kann. Die Glucose bleibt im Blut und schädigt die Gefäße, sodass die Durchblutung gestört ist. Die Ursache für Herzinfarkt und Schlaganfall sind häufig ebenfalls Übergewicht und Diabetes.
Gelenkerkrankungen	Bei Übergewicht werden die Gelenke durch das höhere Gewicht stärker belastet und müssen mehr Gewicht tragen als vorgesehen, sodass sich die Arthrosegefahr erhöht.
Karies	Zucker wird schon nach einigen Minuten im Mund von den Zahnbakterien in Säure umgewandelt. Der Zahnschmelz ist nicht säurefest. Die Säure löst Calcium aus dem Zahn, sodass der Zahnschmelz entkalkt und Karies entsteht.
Diabetes	Ein hoher Zuckerkonsum führt dazu, dass die Bauchspeicheldrüse laufend Insulin produzieren muss, um den Blutzuckerspiegel zu senken. Hierdurch kann die Bauchspeicheldrüse durch Über-strapazierung erlahmen, sodass die Gefahr von Diabetes erhöht wird. Insulin muss dem Körper dann künstlich zugeführt werden. Neuere Studienergebnisse zeigen immer deutlicher, dass vor allem ein erhöhter Konsum zuckergesüßter Getränke mit einer Gewichtszunahme bzw. Adipositas (und einem Anstieg des Diabetesrisikos) verbunden ist. Es ist naheliegend, einen unmittelbaren Zusammenhang zwischen dem erhöhten Zuckerkonsum und der Zunahme von Diabetes zu ziehen. Während 1960 noch 0,6 % der Bevölkerung Diabetes hatten, waren es Ende der 80er-Jahre schon 4 %. 2010 lag die Rate der Diabetes-Kranken bei den 20- bis 79-Jährigen bei 12 %; das entspricht 7,5 Mio. Deutschen. Im gleichen Zeitraum hat sich unser Zuckerkonsum fast verdoppelt.

REGISTER

BILDNACHWEIS

DANKSAGUNGEN

Danke an unsere Partnereinrichtungen, die uns bei der Entstehung der Fotos unterstützt haben:
— Grundschule am Sandhaus, Berlin-Buch
— Nordgrundschule Zehlendorf, Berlin
— Reinhardswald-Grundschule, Berlin
— Kita Wirbelwind, Berlin
— Kita Senftenberger Ring, Berlin

Danke an unsere Partnerhöfe und -betriebe, bei denen wir die Fotos für dieses Buch machen durften:
— Domäne Dahlem, Berlin
— Familienfarm Lübars, Berlin
— Fischerei Wernsdorf b. Berlin
— Gläserne Molkerei, Münchehofe
— Hof Apfeltraum, Müncheberg
— Naturland-Hof Määhgut, Hasenfelde
— Kinderbauernhof Gussow

Danke an unsere Partnereinrichtungen, die die Rezepte in diesem Buch getestet haben:
— Evangelische Grundschule Gotha
— Evangelische Kindertageseinrichtung Oase, Fröndenberg
— Internationale Gesamtschule Heidelberg
— Katholischer Kindergarten St. Raphael, Olpe
— Katholischer Kindergarten St. Martinus, Olpe
— Kita Sternschnuppe, Frankfurt am Main

Danke für die Zusammenarbeit:

 UfU Unabhängiges Institut für Umweltfragen

Danke an die Förderer des Projektes »Landschaft schmeckt«:

DIE SARAH WIENER STIFTUNG

Seit November 2007 engagiert sich die Sarah Wiener Stiftung (SWS) »für gesunde Kinder und was Vernünftiges zu essen«. Kernprojekt ist die Weiterbildung von pädagogischen Fachkräften zu sogenannten »Genussbotschaftern«. In anderthalbtägigen Seminaren erhalten die Pädagoginnen und Pädagogen das nötige theoretische und praktische Rüstzeug, um an ihrer Einrichtung Koch- und Ernährungskurse für Kinder zu geben. Die Stiftung stellt den Pädagogen ein »Rundum-sorglos-Paket« mit allen Materialien zur Verfügung, damit sie mit möglichst wenig Aufwand die Kurse nach dem Konzept der Stiftung geben können. Neben der Zubereitung von Mahlzeiten stehen dabei auch Geschmacksspiele und Wissensvermittlung auf dem Programm, z. B. zum Thema Nachhaltigkeit. So werden Ernährungswissen und Kochkenntnisse fortlaufend in Schule, Kindergarten oder Freizeiteinrichtung vermittelt. Die Stiftung hat bis Ende 2013 Multiplikatoren an rund 600 Einrichtungen weitergebildet. Rund 60 Prozent der Schulen bleiben dauerhaft dabei und bieten fortlaufend die Kurse an.

»Ich wünsche mir, dass die Kurse der Sarah Wiener Stiftung bei den Kindern den Grundstein für ein gesundes Ernährungsbewusstsein legen«, erklärt Sarah Wiener das Hauptanliegen der Stiftung. Dass dieser Wunsch tatsächlich in Erfüllung geht, zeigen zahlreiche Rückmeldungen aus den Partnereinrichtungen. Bei über zwei Drittel aller Einrichtungen hat sich das Ernährungsverhalten der Kinder, die einen Kochkurs besuchen, verbessert. »Die Kinder probieren auch ungeliebtes Gemüse. Das liegt sicherlich daran, dass sie es selber kochen«, bestätigte die Pädagogin und SWS-Botschafterin Astrid Hirt.

Viel erreicht und noch viel vor

Hinter dem Engagement »für gesunde Kinder und was Vernünftiges zu essen« steht eine noch größere Vision: eine intakte Umwelt für künftige Generationen zu hinterlassen. »Was und wie wir essen, hat nicht nur Auswirkungen auf unseren Körper, sondern auch auf den Boden, das Wasser, die Tiere und unsere Mitmenschen«, so Sarah Wiener. Deshalb wird sich die Stiftung auch nicht auf ihren Lorbeeren ausruhen, sondern plant weitere Projekte.

Wollen Sie weitere Informationen über unsere Stiftung?

Gerne informieren wir Sie über die weitere Arbeit unserer Stiftung. Unser Newsletter erscheint bis zu viermal jährlich und berichtet über umgesetzte Projekte, Mitmach-Aktionen, ein saisonales Rezept und weitere Vorhaben. Oder Sie werden Fan unserer Facebook-Seite. Natürlich sind wir ebenso gespannt auf Ihr Feedback zu unserem Buch, den Erfahrungen mit den Experimenten und Rezepten. Wir freuen uns auf Sie!

Kontakt: Sarah Wiener Stiftung
Wöhlertstraße 12–13, 10115 Berlin
Telefon: 030–70 71 80-238
www.sarah-wiener-stiftung.org
Email: info@sw-stiftung.de
Facebook: https://www.facebook.com/
SarahWienerStiftung

IMPRESSUM

www.beltz.de
© 2014 Beltz Verlag
in der Verlagsgruppe Beltz · Weinheim Basel
Alle Rechte vorbehalten
Deutsche Originalausgabe
Autorinnen: Kerstin Ahrens, Stephanie Lehmann,
Meike Rathgeber (www.ufu.de)
Unter Mitarbeit von: Simone Gottschalk,
Claudia Rupp
Idee und Konzeption: Stephanie Lehmann
Umschlag, Innengestaltung und Illustrationen:
Irma Schick (www.irmaschick.com)
Umschlagfoto: Thomas Ladenburger
(www.thomas-ladenburger.com)
Redaktion: Beatrice Wallis
Satz und Layout:
VerlagsService Gaby Herbrecht, Mindelheim
Lithografie: ICCPrint, Biblis-Wattenheim
Druck und Bindung:
Beltz Bad Langensalza GmbH, Bad Langensalza
Printed in Germany
ISBN 978-3-407-75396-0
1 2 3 4 5   18 17 16 15 14

FÜR ALLE FORSCHER UND ENTDECKER:

(Nominiert für den
Deutschen Jugendliteraturpreis 2012)

Gebunden, 160 Seiten
978-3-407-75359-5

Broschur, 160 Seiten
978-3-407-75360-1

»99 Versuche – jeder so leicht wie lehrreich.«
Süddeutsche Zeitung

»Ein wunderbares Buch, es sprüht vor Ideen und
Anleitungen.« *Deutschlandradio*

»Ein rundum tolles Buch!« *Himbeer*

»Kein Winkel bleibt unerforscht!« *DIE ZEIT*

»Die Autorinnen liefern nicht bloß Erklärungen,
sondern animieren kleine Forscher zu
Bastel-Expeditionen, die die Umwelt verständlich
und vor allem Spaß machen.« *wir eltern*

»Es gibt Bücher, die einen einfach begeistern. Bücher,
die man wirklich gern selber als Kind gelesen hätte,
weil sie so klasse sind. Bücher, bei denen man sich
fragt, warum sie erst jetzt erscheinen. Ein solches Buch
ist ›Entdecke deine Stadt‹.« *Känguru*

Beltz & Gelberg
Beltz Verlag, Postfach 100 154, 69441 Weinheim, www.beltz.de

NOCH MEHR VON
ANKE M. LEITZGEN
UND LISA RIENERMANN:

(Nominiert für den Deutschen Jugendliteraturpreis 2013)
Gebunden, 160 Seiten
978-3-407-75362-5

»(Eine) Entdeckungsreise in die Welt des lustvollen Essens,
des in jedem Sinne guten Geschmacks.« DIE ZEIT

Beltz & Gelberg
Beltz Verlag, Postfach 100 154, 69441 Weinheim, www.beltz.de